NOVO MÉTODO PARA Piano
(Ampliado)

Teórico, Prático e Recreativo

Para desenvolver gradualmente e de maneira atraente a inteligência musical dos jovens principiantes, formando-os na leitura refletida, no estilo e no mecanismo e iniciando-os ao mesmo tempo nos elementos da harmonia

dividido em 5 partes de 30 lições cada uma

por

A. SCHMOLL

Oficial da Instrução Pública

Obra aprovada por muitos professores célebres, adotada no Conservatório Nacional de Música de Tolosa (filial do Conservatório de Paris), Lisboa, no Conservatório Dramático e Musical de São Paulo (Brasil), no de Istambul (Turquia) e nos principais Colégios da França e da Bélgica. Premiada na Exposição Escolar de Bilbao (Espanha).

Revisão do Prof. Yves Rudner Schmidt

Terceira Parte

Este volume foi ampliado com as seguintes peças de A. Schmoll:

Terceira Série Op. 50:
No.11 Cavalaria Ligeira
No.12 Saudade
No.13 Farândola

No.14 O Eco Brincador
No.15 O Repouso do Pastor
Peça Recreativa :
"Quinta Sonatina Op. 65"

C-53-W

Irmãos Vitale
Editores - Brasil
DISTRIBUIDOR EXCLUSIVO

© COPYRYGHT 1996 by Casa Wagner Editora Ltda. - São Paulo - SP - Brasil.
Todos os direitos autorais reservados para todos os países. All rights reserved.

PREFÁCIO

O ensino do Piano, tal como em geral é praticado, trata quase exclusivamente dos princípios da notação musical e da agilidade dos dedos. Para chegar, porém, a esse fim, serve-se de meios tão áridos, que fazem desesperar e desencorajar quase todos os alunos.

No meu modo de ver, dever-se-ia propor um plano, *mais elevado*, e que se deveria procurar alcançar com meios *mais simples*.

Tive múltiplas ocasiões de encontrar-me em presença de alunos que, sabendo executar muito bem uma ou mais peças que haviam aprendido, eram no entanto, absolutamente incapazes de tocar *à primeira vista* peças mais fáceis.

Entretanto tais alunos haviam estudado durante vários anos solfejo e piano. E então, onde encontrar a causa desta surpreendente inabilidade, e não na maneira pouco lógica e rotineira na qual haviam eles sido dirigidos nos seus primeiros estudos?

Outras crianças, (no dizer dos pais) demonstravam a princípio muita afeição pela música, porém, após alguns meses de estudo, tinham-lhe aversão. E então, quem sabe se houvessem elas feito rápidos progressos, tornando-se talvez bons músicos, se, ao contrário de aborrecer-se com exercícios monótonos e cansativos, tivessem sido animadas a estudar trechos melódicos e agradáveis? Nada mais rebelde que uma inteligência fatigada; porém, também, nada mais dócil que um aluno ao qual se soube inspirar interesse por seu estudo. Afastemos pois do ensino tudo aquilo que é seco e árido; deixemos às inteligências jovens a liberdade de movimento, tão necessária ao seu progresso e desenvolvimento! Qualquer que seja o modo de manifestação da afeição no início, evitar o contrariá-la e esmagá-la; a grande habilidade do mestre está justamente em *cultivá-la insensivelmente*, parecendo ceder, e mesmo cedendo, para melhor conduzí-la.

Entre os erros mais difundidos, citarei o seguinte: *Nunca é muito prematuro começar a ensinar música clássica às crianças*.

Eis um grave erro. O estilo clássico é, no meu modo de ver a, mais nobre expressão da arte musical. Como se pode, pois admitir que a inteligência, apenas formada, de uma criança, possa seguir o gênio nas suas regiões elevadas? O mais elementar de todos os princípios pedagógicos, exige o *desenvolvimento gradual* das faculdades intelectuais e artísticas. As crianças não gostam senão de algumas organizações escolhidas e não compreendem senão pequenas melodias dirigidas diretamente ao seu gosto apenas desabrochado. Esse gosto, dirigido e cultivado com prudência, tomará pouco a pouco uma direção mais elevada e acabará por não encontrar satisfação senão na formula de um estilo mais sério. Fazer tocar aos principiantes música clássica é, em si tão absurdo, como o alimentar recém-nascidos com alimentos fortes e substanciosos.

O dever de todo o professor de música é formar, não músicos autômatas que possam tocar um repertório qualquer, mas sim *verdadeiros músicos* que saibam *lêr e tocar tudo* sem ajuda de ninguém. Eis pois os meios mais seguros para alcançar tal fim:

1º) Dar ao ensino a maior atração possível: fazer tocar em grande parte, pequenos estudos rigorosamente graduados, onde a melodia se esconde sob uma forma atraente e graciosa. Assim cada um desses estudos, ensinando uma minúcia qualquer da notação ou um princípio técnico, deve prender e *interessar o aluno*. O aluno terá amor ao estudo se este lhe é apresentado numa forma francamente *melódica*, e mostrar-se-á interessado se o mesmo é tal qual um alimento para sua *imaginação*, isto é, se trata-se de um objeto, um sentimento ou uma situação que forma parte da vida infantil. Desde que a imagem é assim feita, seja com cores ou com sons, é sempre uma poderosa atração para uma criança. Sob esse ponto de vista não é inútil dar-se sempre um título a cada trecho; sei por experiência que esse é um método excelente para exercitar o interesse do aluno.

2º) Dar à exposição da matéria a maior clareza possível; dividir o ensino em certo número de lições, nas quais cada porção ocupa seu lugar marcado de antemão. Por esse meio vê o aluno claramente em seus estudos; as coisas ensinadas que lhe foram apresentadas clara e nitidamente, se lhe imprimem solidamente na memória. E ainda mais pode constantemente dar-se conta do caminho percorrido e daquele que lhe resta percorrer.

3º) Seguir um método essencialmente *sintético*; isto é, reconstruir pouco a pouco o sistema musical inteiro, depois de haver explicado e posto em prática todo pormenor separadamente. Evitar a fadiga e a sobrecarga da memória do aluno pela apresentação simultânea de matérias diversas. Nada de quadros sistemáticos ou sinóticos, representando *todas* as notas, *todos* os valores, *todas* as pausas, *todos* os sinais, etc. de uma vez. Desde que o aluno não deve tocar senão semínimas, fuzas e semifuzas. Há pois necessidade de um grande número de peças e do pequeno desenvolvimento das mesmas. O ensino baseado nesses princípios é eminentemente *claro e fácil*, guia incessantemente o aluno sobre um terreno já preparado, oferece a potente atração da variedade e forma invariavelmente *bons leitores*, posto que não é precisamente estudando penosamente trechos relativamente muito difíceis que se chega ser bom leitor, mais sim tocando um grande número de peça *bem graduadas* e *facilmente compreendidas*. Necessita-se pois, não somente evitar longos desenvolvimentos teóricos que se encontram à simples vista sobre as páginas de certos métodos, mas também afastar as intermináveis séries de escalas e de exercícios que o aluno somente aborda com repulsão instintiva e que somente o conduzem ao desencorajamento.

4º) A exposição do sistema musical com sua máquina externa não basta para formar bons músicos e hábeis leitores; necessário se torna que o aluno seja iniciado ao mesmo tempo nos *princípios da harmonia*, que longe de atormentá-lo nos estudos práticos, dar-lhe-ão a conhecer as bases e a origem e permitir-lhe-ão de progredir mais rapidamente. Sempre me admirei que mesmo entre os métodos mais conhecidos, nenhum apresentava a mínima noção sobre conhecimento teóricos. Pergunte-se a um aluno o que é um intervalo maior ou menor, a nota dominante, o acorde perfeito, a inversão de um acorde, a tonalidade, o modo; em geral não saberá responder. E entretanto, como facilitaria a leitura musical o conhecimento desses elementos! Em verdade, é pena ver-se um aluno que com três anos de estudo, balbucia nota por nota um acorde que encontra cem vezes ao dia, e do qual, porém, ignora o nome a origem, o caráter e a finalidade. Sei perfeitamente que a harmonia *no total* é uma ciência muito complicada e muito abstrata para ser compreendida pela maioria dos alunos; sei também que não se pode chegar a ser hábil PIANISTA sem um ótimo conhecimento da Teoria. Não pretendo que um método para piano ou acordes seja ao mesmo tempo um curso completo de harmonia. Em toda obra, as complicações se sucederiam e se multiplicariam rapidamente; formariam logo um intrincado labirinto de teorias que tornariam o ensino tão difícil, como estéril. Porém, julgo absolutamente indispensável que, ainda que não de todo, se deva ao menos desenvolver a teoria da escala, da tonalidade e do modo; as cadências e as modulações mais usadas; em uma palavra, todos os princípios elementares que estão ao alcance de todas as inteligências, que se referem estritamente à técnica, e que por isso mesmo não podem de modo algum prejudicar a clareza do ensino. Se o aluno quiser estudar *harmonia* de um modo mais profundo, o professor encontrará o *terreno preparado* e não terá necessidade de entreter-se com princípios rudimentares que há muito são familiares ao aluno.

O plano que tracei ao compor esse novo Método, tem por objetivo principal um ensino *simplificado, fácil e atraente*, formando não somente o *estilo e o mecanismo*, mas dando também aos alunos aquela *independência de agir*, sem a qual não se poderá chegar a ser um *bom leitor* e nem um *bom músico*. Ao executar esse plano induz-me como dever o levar em conta as observações que publiquei precedentemente. Quero esperar que meus numerosos amigos acolham meu NOVO MÉTODO PARA PIANO com a benévola simpatia que honraram minhas publicações anteriores.

Paris,
A. Schmoll

TERCEIRA PARTE
Introdução

Na primeira e na segunda parte deste método, todas as peças estão escritas no tom de DÓ, isto é, têm por base a escala de DÓ. Ora, cada uma das doze notas contidas em uma oitava, pode tornar-se a tônica ou primeiro grau de uma escala semelhante a escala de DÓ. Esta última serve, porém, de modelo para a formação de todas as outras, que só serão regulares quando apresentarem a mesma sucessão de intervalos que a escala de DÓ.

Observemos desde já que existem duas espécies de escalas; as de modo maior e as de modo menor. Como só trataremos destas últimas na Quarta Parte e não queremos sobrecarregar a memória do aluno com explicações antecipadas, limitamo-nos a dizer que a escala de DÓ, tal como a apresentamos, é maior. O mesmo será para as outras doze escalas que conheceremos na Terceira Parte, porque serão formadas da escala de DÓ. Subentendem-se pois que as palavras escala e tom todas as vezes que forem citadas na Terceira Parte, referem-se a escala maior e tom Maior, mesmo sem juntar o modo.

Veremos depois que todas estas escalas novas exigem o emprego de um ou mais acidentes (sustenidos ou bemóis). A escala de DÓ é a única que não tem nenhum deles. Para melhor clareza, começaremos com aquela em cuja formação entra o primeiro sustenido (FÁ#). É a escala de SOL.

Comparando-se as duas séries seguintes quanto aos intervalos,

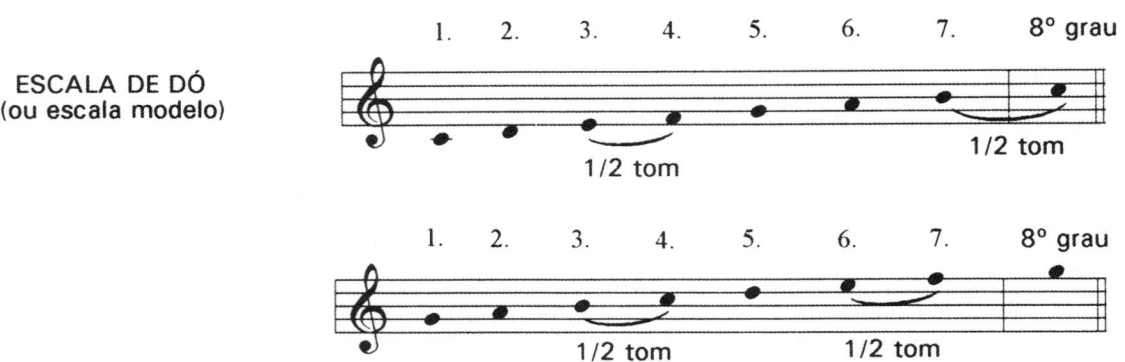

verificar-se-á que a segunda série concorda com a primeira (a escala de DÓ) até o 6º grau; porém, entre o 6º e o 7º graus há um semitom em lugar de um tom e que entre o 7º e o 8º graus há um tom em lugar de um semitom. Esta segunda série está errada; com efeito, basta tocá-la para reconhecer que não é uma escala.

No seguinte exemplo, damos as duas mesmas séries: colocamos somente um sustenido antes do FÁ (7º grau) da segunda série. Graças a este sinal, esta série torna-se a verdadeira escala de SOL, porque os intervalos assim corrigidos apresentam perfeita analogia com os da escala de DÓ.

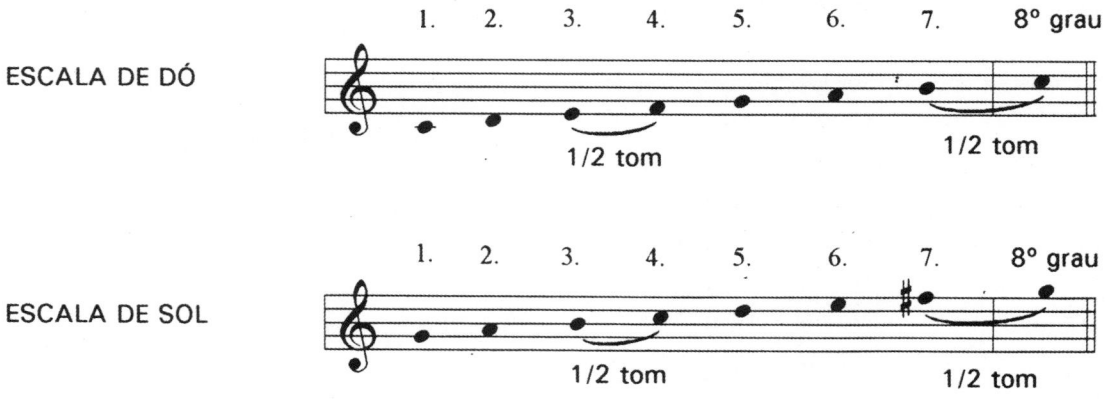

100

SINAIS CARACTERÍSTICOS
ARMADURA DE CLAVE

Qualquer peça de música está no tom de SOL, quando tem por base a escala de SOL. O sinal de alteração que serviu para formar esta escala, isto é o FÁ#, chama-se sinal característico do tom de SOL. Para indicar que uma peça está escrita em SOL, o compositor arma a clave, colocando o sinal característico do tom (o FÁ#) no princípio de cada pauta e perto da clave. Este sinal aí colocado indica que todos os FÁ da peça são sustenidos, e que é preciso por conseguinte tocar FÁ# todas as vezes que se encontrar um FÁ salvo quando esta nota for precedida de um ♮.

Quando o compositor, depois de ter escrito uma parte em SOL, quer escrever a seguinte em DÓ, arma novamente a clave, pondo um ♮ em vez do #. Estas mudanças de tom, de que encontraremos vários exemplos, rompem a monotonia que resultaria do emprego exclusivo do tom principal e tornam a harmonia mais interessante.

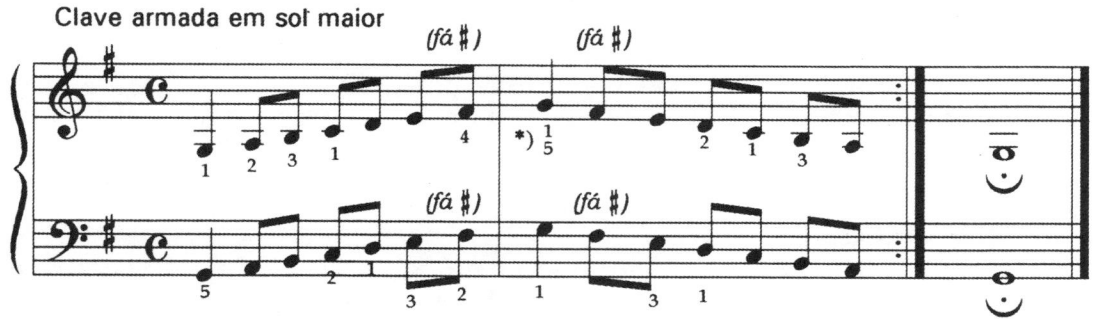

Como vemos, o dedilhado desta escala é igual ao da escala de DÓ.

RELAÇÕES ENTRE OS DIVERSOS TONS

Conhecemos agora: duas escalas produzindo ao ouvido o mesmo efeito e apenas diferindo uma da outra pela sua elevação relativa. Esta semelhança reina entre todas as escalas e por conseguinte entre todos os tons. Segue-se que, todas as explicações dadas nas lições teóricas da Segunda Parte (46ª, 56ª, 57ª e 58ª lições) relativas ao tom de DÓ, podem aplicar-se ao tom de SOL e a todos os tons que aprendermos em seguida. É indispensável ao aluno que quer tornar-se bom leitor e compreender o que toca, conhecer pelo menos as notas tonais, o acorde perfeito, as notas atrativas, o acorde de 7ª de dominante, a cadência, etc., de cada tom que se lhe apresente; é preciso que ele se compenetre das diversas formas, sob as quais todos estes detalhes podem se apresentar; que conheça a importância deles na harmonia, o emprego prático que nela encontram, etc. Quanto ao conhecimento destes elementos da tonalidade - que são geralmente ignorados - o aluno juntar uma leitura diária e praticada judiciosamente, ele não encontrará mais dificuldade em familiarizar-se sucessivamente com todos os tons.

Antes de continuar, o aluno deverá reler atentamente as 46ª, 56ª, 57ª e 58ª lições (II Parte), a fim de compenetrar-se bem dos elementos do tom de DÓ pois, assim como a escala de DÓ é o modelo para formar todas as outras escalas, os elementos do tom de DÓ servem de modelo para formar todos ou outros tons. Podemos pois, quando passarmos a um novo tom, limitarmo-nos a indicar sumariamente os elementos.

---

*) Damos este número para os alunos que tocam a escala na extensão de duas oitavas (como apresentamos a escala de DÓ na 55ª lição): o mesmo faremos para as outras escalas.

ELEMENTOS DO TOM DE SOL MAIOR

A MODULAÇÃO

Representamos os 12 tons do nosso sistema musical com 12 círculos, dispostos em redor de um centro comum de tal modo que cada um comunica com os dois círculos vizinhos (v. fig. da Conclusão, pag. 161). Cada tom tem com efeito dois tons vizinhos, com os quais se acha em comunicação, e dez tons afastados dos quais está separado. A passagem de um tom para outro, feita conforme as regras da arte, chama-se modulação. Por ora só nos ocuparemos da modulação nos tons vizinhos.

O meio de modular de um tom qualquer para um de seus vizinhos consiste em TOMAR O ACORDE DE 7ª DE DOMINANTE deste último tom e fazer a RESOLUÇÃO; procurando antes de tudo as notas características, isto é, as NOTAS ATRATIVAS deste novo tom. Nos exemplos seguintes nota-se que cada acorde que modula contém uma e mais notas do precedente acorde. Em seguida veremos que quanto maior o número de elementos homogêneos contiverem os dois acordes, mais fácil e natural nos parecerá a modulação, evitando sempre quintas ou oitavas seguidas.

A modulação é fixa quando, depois de modular, se estabelece o novo tom pela cadência (já dissemos na 58ª lição que o melhor meio de estabelecer a tonalidade é de fazer ouvir a cadência), e passageira quando se abandona o novo tom, sem tê-lo estabelecido pela cadência.

Visto conhecermos apenas os tons de SOL, DÓ, limitar-nos-emos a modular do primeiro ao segundo e vice-versa.

61ª LIÇÃO
VOLTA À ESCOLA

62ª LIÇÃO
TERCINA ou TRÊS-QUIÁLTERAS

O aluno já sabe que dividindo uma Semínima em duas partes iguais, obtem-se 2 colcheias :

e que dividindo uma Semínima em quatro partes iguais, obtem-se 4 semicolcheias :

Se dividirmos uma Semínima em três partes iguais, obtem-se não uma espécie nova de notas, mas 3 colcheias que se tocam um pouco mais depressa do que as colcheias ordinárias, visto que devem se produzir no mesmo espaço de tempo como se fossem duas destas últimas. Assim um grupo de três notas, que têm o mesmo valor de duas da mesma espécie, chama-se três-quiálteras ou tercina. Para diferenciar as três-quiálteras de **colcheias**, das 3 colcheias ordinárias, coloca-se por cima ou por baixo do grupo o número 3. Nas peças compostas quase inteiramente de três-quiálteras, esse número é colocado somente nas primeiras. Este costume é muito justificável, porque na música bem gravada distinguem-se facilmente pela disposição particular das notas.

A teoria da três-quiálteras pode ser resumida por esta fórmula:

três-quiálteras

No seguinte exemplo, pode-se medir a velocidade comparativa destes diferentes valores.

MÃO DIREITA

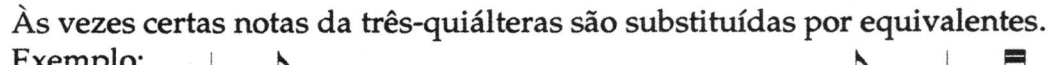

CONTAR: 1   2   3   4   1   2   3   4   1   2   3   4   1   2   3   4

Às vezes certas notas da três-quiálteras são substituídas por equivalentes.
Exemplo: 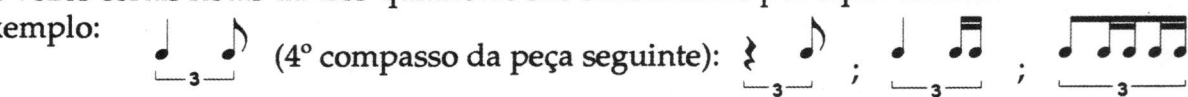 (4º compasso da peça seguinte):

Estas últimas formas são no entanto raras. Na peça seguinte encontraremos ainda uma três-quiáltera cuja primeira nota é muda, caso muito freqüente:

OS VOLUNTÁRIOS
(MARCIAL, ESTILO MILITAR)

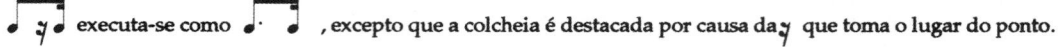 executa-se como 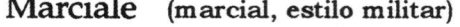, excepto que a colcheia é destacada por causa da ♪ que toma o lugar do ponto.

Marciale (marcial, estilo militar)

63ª LIÇÃO

Agora que conhecemos a escala com um sustenido, vamos passar a que é formada com um bemól. É a escala de FÁ.

Escreveremos pois por cima da escala de DÓ (modelo) 8 notas seguidas, cuja primeira é FÁ: examinaremos depois os intervalos desta série:

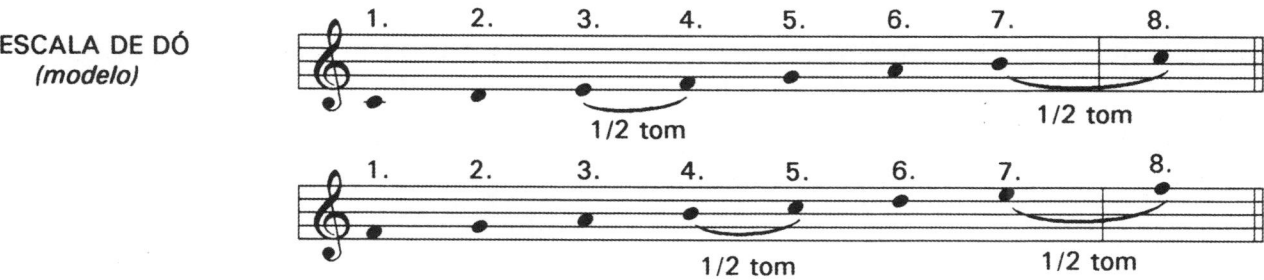

Esta última série está errada, porque entre o 3º e o 4º grau há um tom, entre o 4º e o 5º um semitom, e é o contrário que deveria ser. Obteremos entre o 3º e o 4º grau o semitom necessário, colocando um bemól antes do SI. Esta operação corrige ao mesmo tempo o intervalo seguinte, e graças a este bemól, a série torna-se uma escala correta.

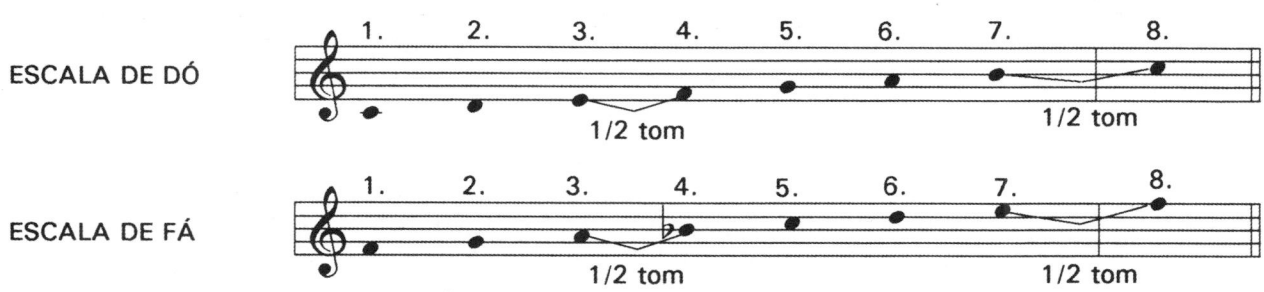

ESCALA DE FÁ MAIOR (si ♭ sinal característico)

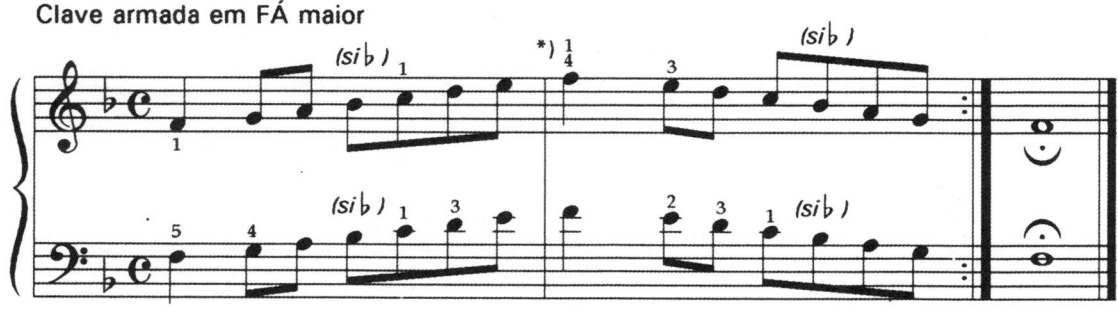

Vê-se que a escala de FÁ não tem o mesmo dedilhado da escala de DÓ, pelo menos para a mão direita, por isso convém estudá-la com muita atenção.

O aluno, descendo esta escala com a mão direita (mormente quando a toca na extensão de 2 oitavas) hesitará todas as vezes que tiver tocado o polegar, isto é, na ocasião de operar a passagem. Lembre-se pois, sempre da seguinte regra: a PASSAGEM efetuando-se junto de um grupo de DUAS teclas pretas, faz-se com o 3º dedo; e junto de um grupo de TRÊS teclas pretas faz-se com o 4º dedo.

---

*) Damos este número para os alunos que tocam a escala na extensão de duas oitavas.

ELEMENTOS DO TOM DE FÁ MAIOR

NOTAS TONAIS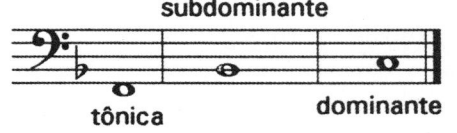

NOTA SENSÍVEL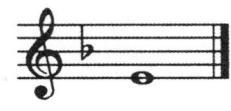

ACORDE PERFEITO E SUAS 2 INVERSÕES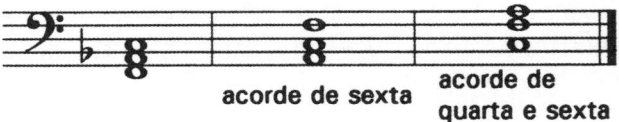

ACORDE DE 7ª DOMINANTE E SUAS 3 INVERSÕES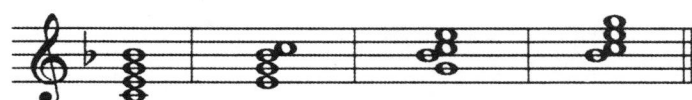

NOTAS ATRATIVAS E SUA RESOLUÇÃO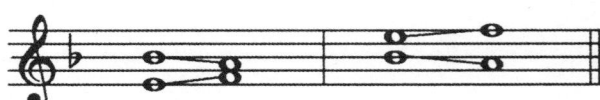

64ª LIÇÃO

Na peça seguinte, a 1ª parte está em FÁ e a 2ª em DÓ. Para indicar esta mudança de tom, armamos a clave em DÓ desde o começo da 2ª parte.

TIROLIANA FAVORITA

Tempo giusto (movimento justo, médio; nem muito depressa, nem muito lento)

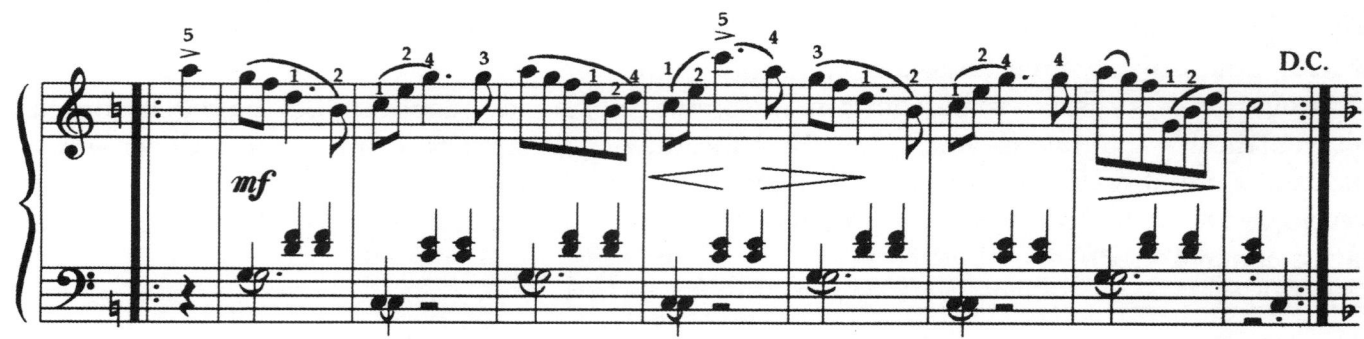

65ª LIÇÃO
CRUZAMENTO DAS MÃOS

Acontece as vezes que as notas da mão direita passam para a região baixa (grave) do piano e também as da mão esquerda para a parte alta (aguda). Neste caso, as mãos se cruzam. Geralmente, a mão que deve fazer essa mudança, passa por cima da outra.

Esta operação, em que as funções das duas mãos ficam invertidas, confundem o aluno que a faz pela primeira vez. Eis o melhor meio de vencer esta dificuldade: cruzam-se as mãos e, nesta atitude, toca-se separadamente com cada mão a passagem em questão, principalmente com a mão que opera o deslocamento. Este exercício preparatório, repetido 20 ou 30 vezes seguidas, dará a necessária independência para que as mãos toquem cada uma a sua parte.

Deve-se observar que a independência ocupa um lugar principal na arte do piano. Para ligar as notas, tocar com duas mãos trechos rápidos ou notas de valores diversos, ligar as notas de uma das mãos destacando as da outra, seguir as notas sem olhar para o teclado, tocar em compasso, cruzar as mãos, o pianista deve adquirir a independência dos dedos, das duas mãos, do olhar, do movimento, etc. Ora, esta qualidade importante só se adquire por meio de exercícios especiais do gênero dos que acabamos de indicar para o cruzamento das mãos.

A APPOGIATURA ou APOIATURA (da palavra italiana *appogiare*, apoiar) é uma pequena nota tendo a cauda cortada por um traço. Esta nota é tocada rapidamente antes da nota principal (aquela diante da qual está colocada) e não conta na divisão do compasso; exige pois uma execução muito leve. O dedo, tocando-a, não se deve arrastar, e sim levantar-se logo para atacar a nota principal; logo depois desta tocada, o som da pequena nota deve cessar imediatamente. A apoiatura - chamada também *acciaccatura* - faz parte das notas de ornamento melódico de que mais tarde falaremos.

PASSEIO DA MANHÃ

(*) Obs.: Peça Recreativa que pode ser tocada depois da 66ª Lição: Cavalaria Ligeira (Les Chevau-Légers), (nº 11 do Repertório do Jovem Pianista) por A. Schmoll, a seguir:

66ª LIÇÃO

Qualquer escala formada sobre o QUINTO GRAU (a dominante) de uma ESCALA EM SUSTENIDOS, exige MAIS UM SUSTENIDO do que esta. Assim é que o SOL (dominante da escala que não tem sustenido) transformando-se em tônica, nos forneceu a escala que tem um sustenido. Do mesmo modo o RÉ, dominante da escala de SOL, é a tônica da escala que se forma com dois sustenidos.

Para abreviar o processo da formação das escalas em sustenidos, diremos que se pode desde o começo introduzir em cada nova escala os sinais característicos da escala em sustenidos precedentemente aprendida. Far-se-á do mesmo modo para as escalas em bemóis, conforme veremos.

Esta série (na qual introduzimos o FÁ#, sinal característico da escala em sustenidos precedentemente aprendida) está errada, porque o segundo semitom está mal colocado.

O sustenido colocado no DÓ corrige o defeito da série ao lado e forma a escala de RÉ.

ESCALA MAIOR DE RÉ (o sustenido da escala de SOL, mais o DÓ sustenido)

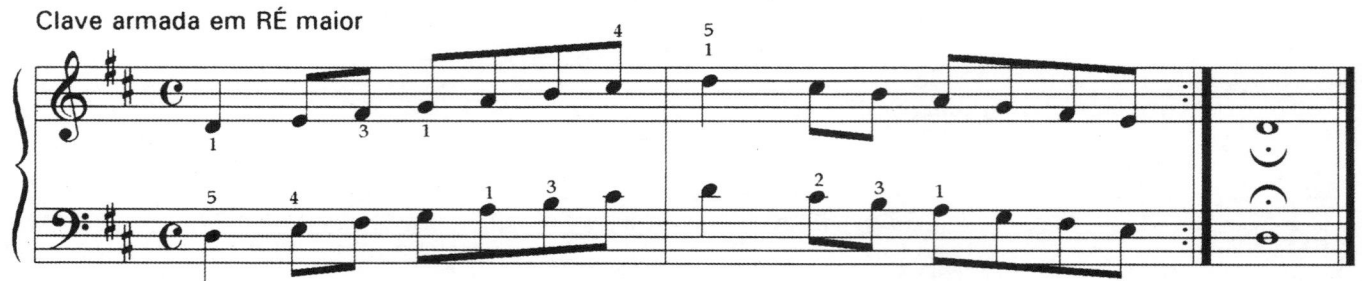

O dedilhado desta escala é igual ao da escala de DÓ; notaremos que o polegar da mão direita cai no RÉ e no SOL e o da mão esquerda no RÉ e no LÁ.

ELEMENTOS DO TOM DE RÉ MAIOR

Na segunda destas modulações empregamos em duas formas diferentes (2ª e 1ª inversão) o acorde de 7ª dominante de RÉ, antes de fazer a sua resolução.

CAVALARIA LIGEIRA (Les Chevau-Légers)
CAPRICHO MILITAR (Caprice Militaire)

A. SCHMOLL Op. 50

109

67ª LIÇÃO

MI♯ e SI♯   TECLAS BRANCAS

Os cinco sustenidos  que o aluno aprendeu sucessivamente na II Parte e que são todos representados por teclas pretas, não são os únicos que existem; cada uma das 7 notas primitivas é suscetível de ser alterada de um semitom. Falta-nos ainda conhecer dois sustenidos; MI# e SI#. Visto como as notas MI e SI não têm a sua direita tecla preta, o MI# tocar-se-á na tecla de FÁ natural e o SI# na de DÓ natural. Agora o aluno conhece tantos sustenidos quantas notas primitivas ou naturais, isto é, sete:

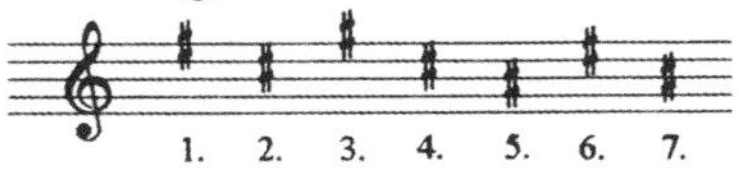

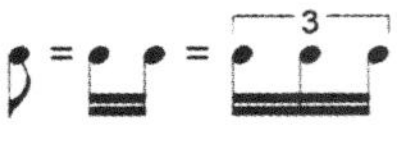

três-quiáltera de semicolcheias, resultante da divisão de uma colcheia em três partes iguais. (v. a 62ª lição).

CANÇÃO DE MAIO

EXERCÍCIOS DE DEDILHADO PARA A MÃO DIREITA

rall. ou *rallentando* = retardar o andamento
a tpo ou *a tempo* = voltar ao primeiro andamento

Andante moderato

68ª LIÇÃO

Na seguinte peça (1º e 4º compasso, mão esquerda) o acorde perfeito está escrito para mãos que abrangem a extensão de uma oitava. A maior parte dos alunos poderá com efeito prender a mínima pontuada RÉ; os que não o possam fazer tocarão esta nota como semínima. Todavia notamos que o afastamento de oitava pode e deve obter-se pouco a pouco com exercícios diários. A palavra *dolce* significa *docemente, fracamente*.

VALSA DE PRECIOSA

C. M. de Weber

69ª LIÇÃO

Qualquer escala formada sobre o QUARTO GRAU (a subdominante) de uma ESCALA EM BEMÓIS, exige MAIS UM BEMOL do que esta. Já vimos que a escala de FÁ (4º grau da escala de DÓ, a qual não tem bemol) forma-se com um bemol. Ora o quarto grau da escala de FÁ sendo SI♭, é a escala de SI♭ que tem dois bemóis. Um dos bemóis, (o SI♭) pertence à escala anteriormente aprendida; vamos ver qual é o segundo.

Esta série está errada, porque o primeiro semitom está mal colocado.

O bemol do MI corrige o erro da série ao lado e forma a escala de SI♭.

ESCALA MAIOR DE SI♭ (o bemol da escala de FÁ, mais o MI♭)

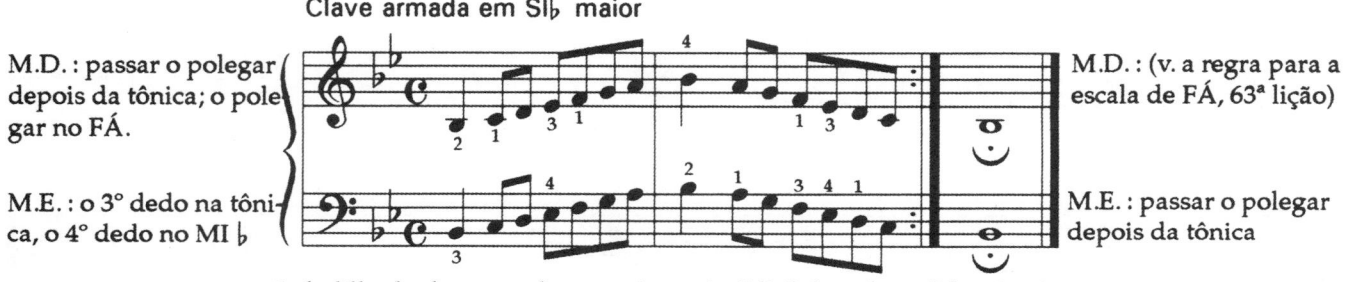

M.D.: passar o polegar depois da tônica; o polegar no FÁ.

M.E.: o 3º dedo na tônica, o 4º dedo no MI♭

M.D.: (v. a regra para a escala de FÁ, 63ª lição)

M.E.: passar o polegar depois da tônica

O dedilhado desta escala - que é a mais difícil de todas - difere inteiramente da escala de DÓ. Tornar-se-á mais fácil observando os princípios acima.

ELEMENTOS DO TOM DE SI♭ MAIOR

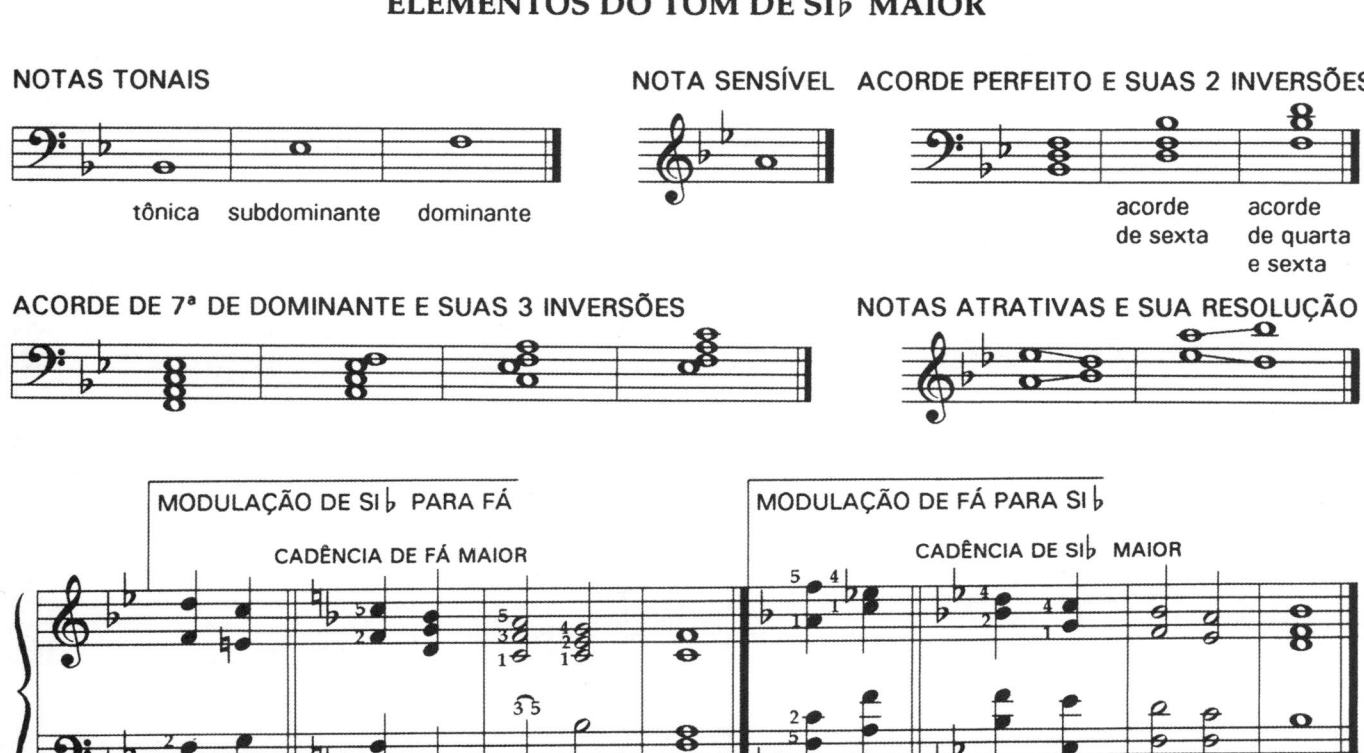

113

70ª LIÇÃO
EQUIPAGEM LEVE
Allegro leggiero (vivo e ligeiro)

71ª LIÇÃO
A BAILADEIRA
Valsa

Un poco animato (um pouco animado)

72ª LIÇÃO

Quando a apoiatura ♪ se acha antes de nota dupla, chama-se apoiatura harmônica e toca-se junto com a nota que acompanha a nota principal.

Assim toca-se

A execução é análoga quando essa apoiatura se acha antes de notas triplas.

ALEGRE COMPANHIA

Allegro risoluto (vivo e resoluto)

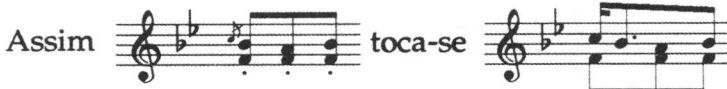

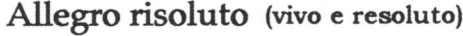

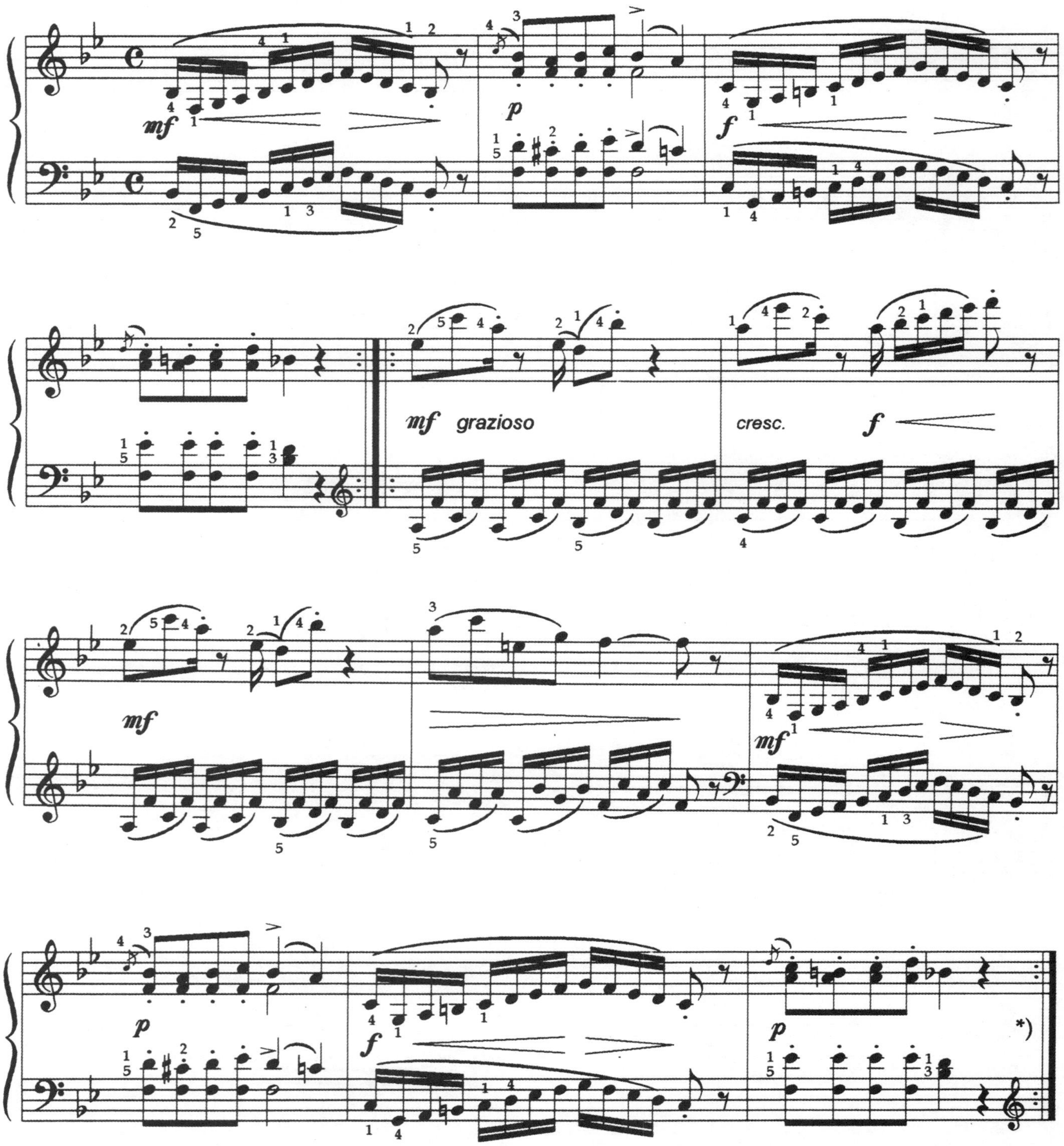

(*) Obs.: Peça Recreativa que pode ser tocada depois da 72ª Lição: Saudade (Souvenance), (nº 12 do Repertório do Jovem Pianista) por A. Schmoll, a seguir:

SAUDADE (Souvenance)

ROMANCE SEM PALAVRAS (Romance sans Paroles)

A. SCHMOLL Op. 50

73ª LIÇÃO

Depois da escala de RÉ (2 sustenidos) vem a de LÁ (3 sustenidos); porque LÁ é a dominante de RÉ. O aluno formará esta nova escala.

ESCALA MAIOR DE LÁ (sustenido de RÉ, mais o SOL♯)

Clave armada em LÁ maior

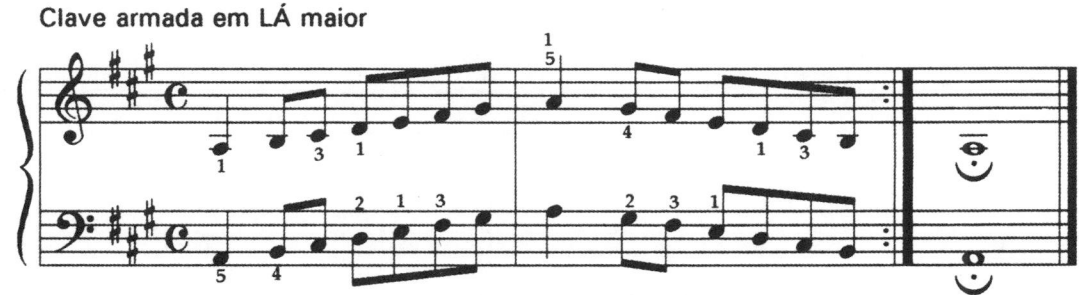

O dedilhado desta escala é igual ao da escala de DÓ; observar que o polegar da mão direita cai no LÁ no RÉ, e o da mão esquerda no LÁ e no MI.

ELEMENTOS DO TOM DE LÁ MAIOR

NOTAS TONAIS

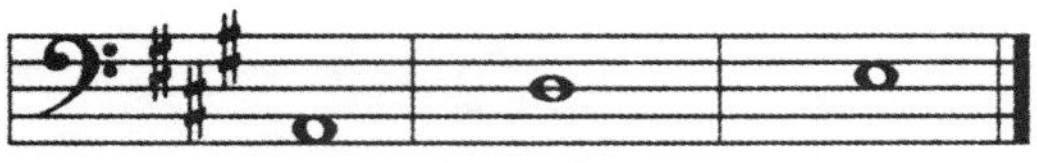
tônica
subdominante
dominante

NOTA SENSÍVEL

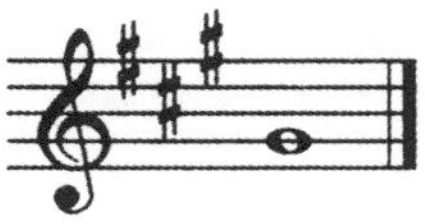

ACORDE PERFEITO E SUAS 2 INVERSÕES

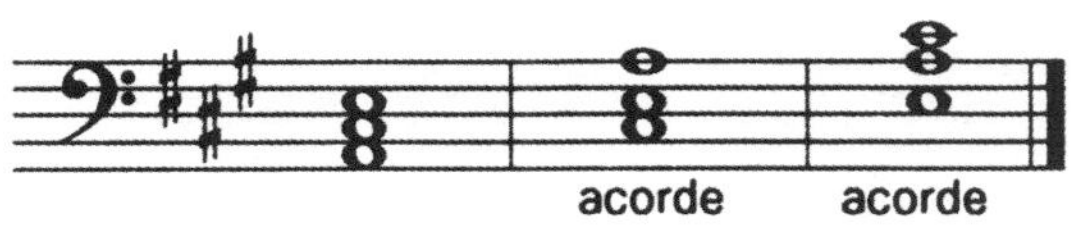
acorde de sexta
acorde de quarta e sexta

ACORDE DE 7ª DE DOMINANTE E SUAS 3 INVERSÕES

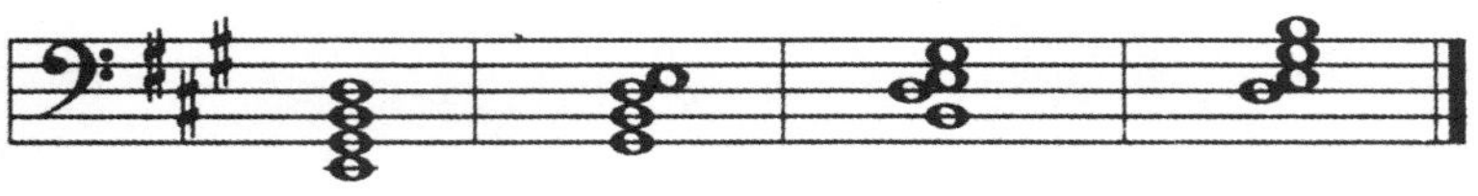

NOTAS ATRATIVAS E SUA RESOLUÇÃO

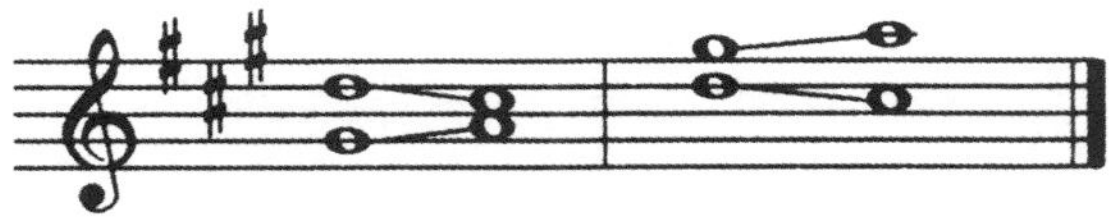

MODULAÇÃO DE LÁ PARA RÉ

CADÊNCIA DE RÉ MAIOR

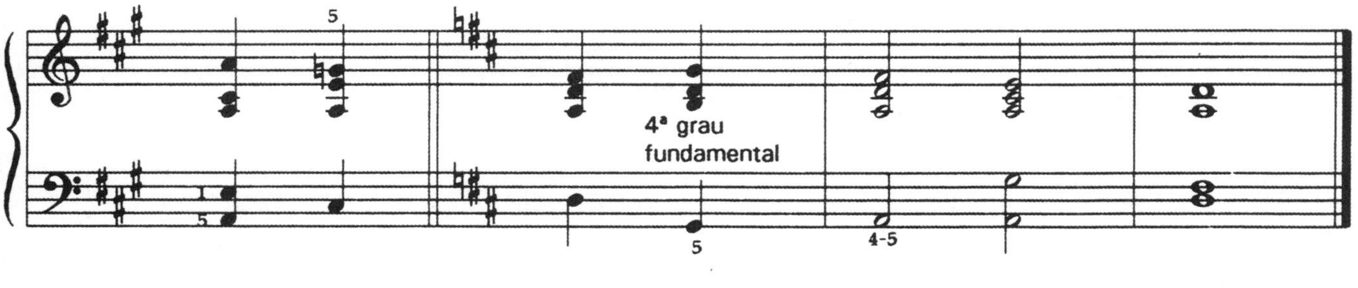
4ª grau fundamental

MODULAÇÃO DE RÉ PARA LÁ

CADÊNCIA DE LÁ MAIOR

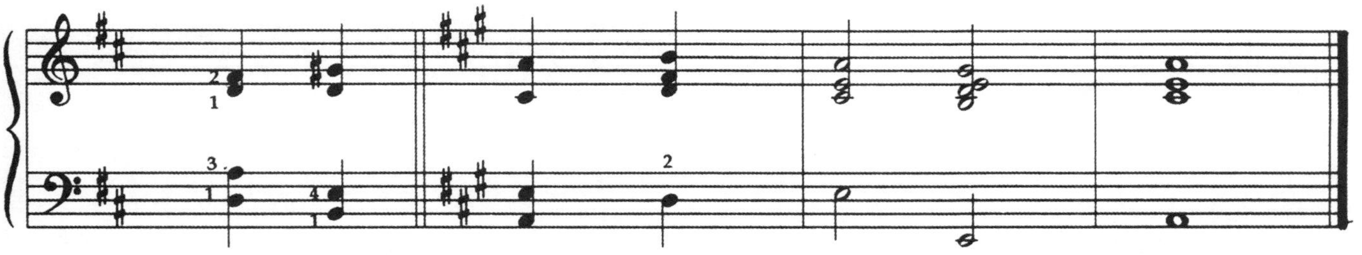

74ª LIÇÃO

O sinal 8ᵛᵃ- - - - - - ⌐ colocado por cima de uma passagem, indica que em toda extensão dos pontinhos esta passagem deve ser tocada uma oitava do que está escrita. A palavra *loco* é uma indicação supérflua.

A indicação *ten.* quer dizer: conservar ou demorar a nota; *ritard,* ou *riten.*: retardar, atrasar o andamento; *molto*: muito; *molto rall.*: retardar muito.

BOA NOVA

75ª LIÇÃO

Na segunda parte da música seguinte, os polegares se cruzam. Existem peças em que isso acontece muito, complicando e dando lugar a verdadeiros enlaces das mãos. Aqui só damos a forma mais simples: na V Parte (143ª lição) encontraremos cruzamentos do polegar, repetidos.

ÚLTIMO PENSAMENTO

C. G. Reissiger *)

*) Divulgado universalmente este pensamento musical é atribuido a Ch. M. Weber.

(*) Obs.: Peça Recreativa que pode ser tocada depois da 75ª Lição: 5ª Sonatina (Cinquième Sonatine), por A. Schmoll, a seguir:

LA RONDE DES SYLPHES
A Mademoiselle H. Beaudoin à Mamers

76ª LIÇÃO

A FUZA ♪ sexta espécie de notas.

EXPLOSÕES DE RISO

Con spirito (com espirito: movimento vivo e gracioso)

77ª LIÇÃO

ESCALA MAIOR DE MI♭ (os bemóis da escala de SI♭ , mais o LÁ♭)

Clave armada em MI♭ maior

SUBIDA DESCIDA

o 3° dedo na tônica, o 4° no lá♭ passar o polegar depois da tônica

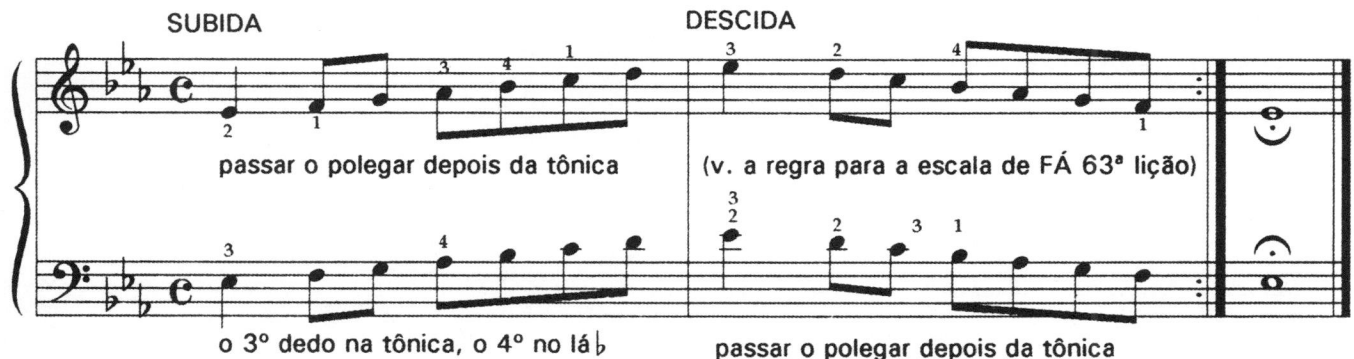

ELEMENTOS DO TOM DE MI♭ MAIOR

NOTAS TONAIS

tônica subdominante dominante

NOTA SENSÍVEL

ACORDE PERFEITO E SUAS 2 INVERSÕES

acorde de sexta

acorde de quarta e sexta

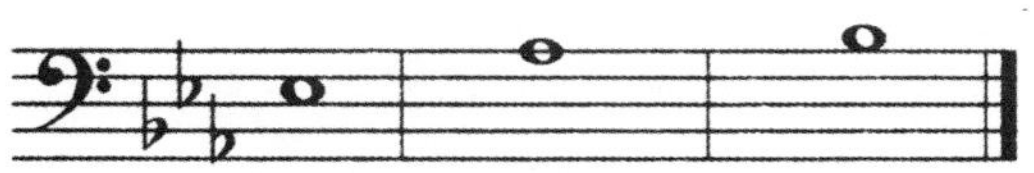

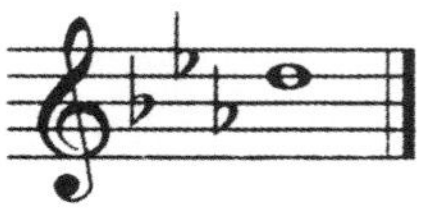

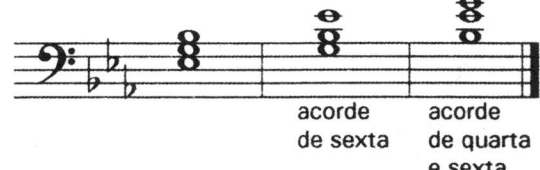

ACORDE DE 7ª DE DOMINANTE E SUAS 3 INVERSÕES

NOTAS ATRATIVAS E SUA RESOLUÇÃO

MODULAÇÃO DE MI♭ PARA SI♭

CADÊNCIA DE SI♭ MAIOR

MODULAÇÃO DE SI♭ PARA MI♭

CADÊNCIA DE MI♭ MAIOR

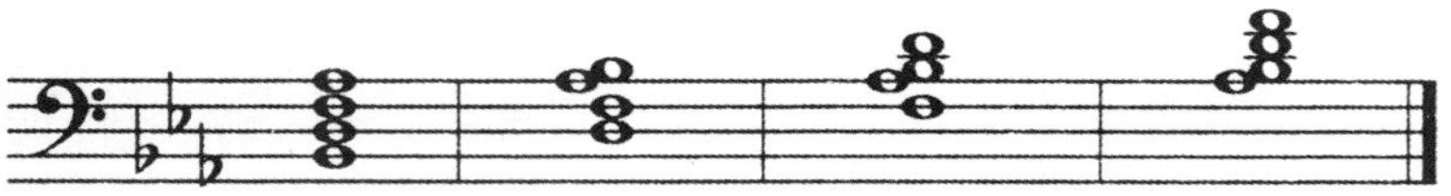

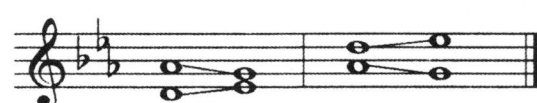

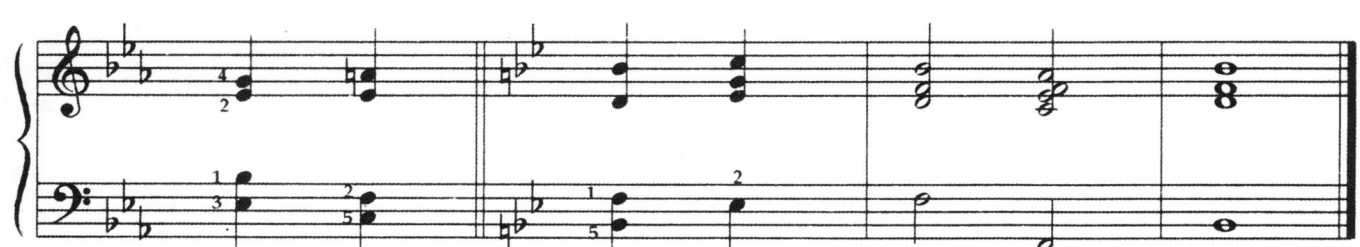

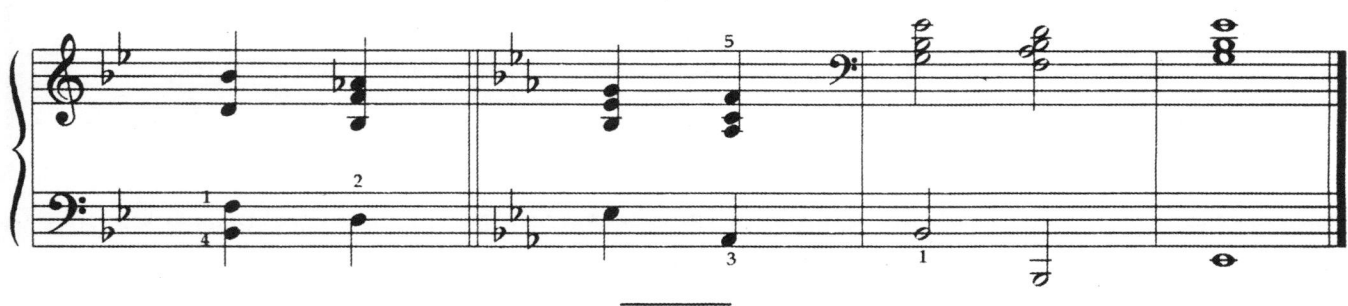

78ª LIÇÃO

A Pausa 𝄾, vale uma fuza. ♪

CANÇÃO DE VIAGEM

Allegro giocoso (vivo e alegre)

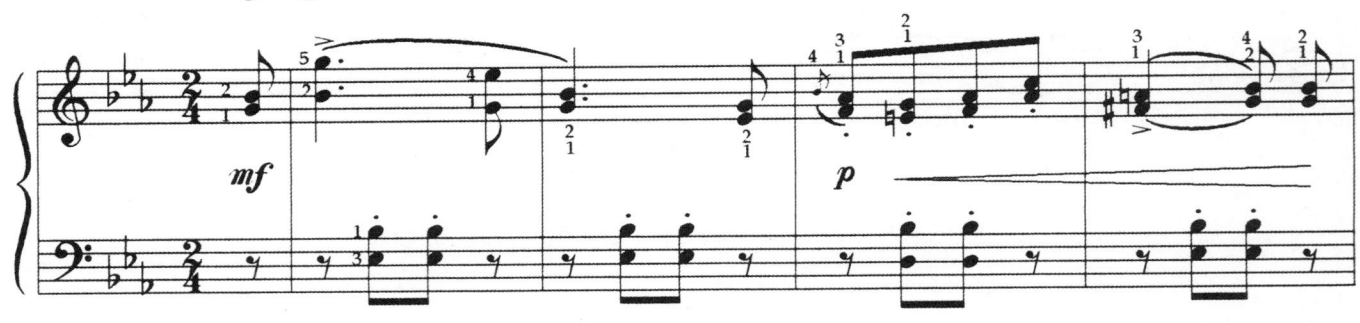

(*) Obs.: Peça Recreativa que pode ser tocada depois da 78ª Lição: Farândola (Farandole), (nº 13 do Repertório do Jovem Pianista) por A. Schmoll, a seguir:

FARÂNDOLA (Farandole)

A. SCHMOLL Op. 50

79ª LIÇÃO

Compasso de nove-oitavos 9/8. Tempos fortes: 1 _ _ 4 _ _ 7. Tempos fracos: _ 2 3 _ 5 6 _ 8 9.
Três compassos de 3/8 valem um de 9/8.

A apoiatura dobrada (♪) toca-se muito rapidamente antes da nota principal e não participa da divisão do compasso.

O sinal ∕. (ou ∕), ABREVIAÇÃO que significa: repetir o compasso ou o grupo precedente.

A PARTIDA DAS ANDORINHAS

MELODIA SEM PALAVRAS   *ppp* (ainda mais fraco do que *pp*)

80ª LIÇÃO

ESCALA MAIOR DE MI (sustenidos da escala de LÁ, mais o RÉ♯)

Clave armada em MI maior

Dedilhado igual ao da escala de DÓ; o polegar da mão direita cai no MI e no LÁ e o da mão esquerda no MI e no SI.

ELEMENTOS DO TOM DE MI MAIOR

NOTAS TONAIS — tônica subdominante dominante

NOTA SENSÍVEL

ACORDE PERFEITO E SUAS 2 INVERSÕES — acorde de sexta, acorde de quarta e sexta

ACORDE DE 7ª DE DOMINANTE E SUAS 3 INVERSÕES

NOTAS ATRATIVAS E SUA RESOLUÇÃO

MODULAÇÃO DE MI PARA LÁ

CADÊNCIA DE LÁ MAIOR

MODULAÇÃO DE LÁ PARA MI

CADÊNCIA DE MI MAIOR

Do mesmo modo que no compasso existem tempos fortes, meio-fortes e fracos, cada tempo, se é dividido em partes iguais, tem partes fortes, meio-fortes e fracas. Sendo dividido em 2 partes, a 1ª é forte e a 2ª é fraca; sendo dividido em 3 partes, a 1ª é forte e as duas outras são fracas; sendo em 4, a 1ª é forte, a 2ª e 4º são fracas e a 3ª é meio-forte. Vê-se pois, que existe muita analogia entre a divisão dos tempos e dos compassos. No exemplo seguinte, onde o tempo é representado por uma Semínima (como nos compassos de $\frac{4}{4}$ a $\frac{3}{4}$ ou a $\frac{2}{4}$) marcamos as partes fortes com um asterisco (*).

O movimento está em contratempo quando as partes fracas dos tempos se destacam das fortes de tal modo que uma mão executa as partes fortes e a outra as fracas. Exemplos:

a mão direita tocando as partes fortes

a mão direita tocando as partes fracas

a mão esquerda tocando as partes fracas

a mão esquerda tocando as partes fortes

Scherzo (pron.: skertso) termo italiano, significa brincadeira; como termo de música quer dizer estilo leve e jocoso. Emprega-se no mesmo sentido a palavra *scherzando*.

SCHERZO - ESTUDO

Allegro spiritoso (vivo e jovial)

81ª LIÇÃO

DOBRADO SUSTENIDO (𝄪)

Na peça da 40ª lição (II Parte) encontra-se um LÁ#, isto é, a elevação acidental do 6º grau da escala de DÓ. Conforme a semelhança entre todos os tons, pode-se elevar o 6º grau da escala de MI. Ora este 6º grau (DÓ#) já é uma nota sustenida e para indicar que ela deve ser elevada ainda de um 1/2 tom, serve-se do dobrado sustenido 𝄪. DÓ𝄪 quer dizer: DÓ duas vezes sustenido. Lembrando-se do que foi dito a respeito da elevação das notas (I Parte, 20ª lição), o aluno reconhecerá que esta nota é representada pela tecla de RÉ natural. Para destruir o efeito do dobrado-sustenido, serve-se do ♮, juntando-lhe um ♯ (♮♯), para indicar que a nota fica simplesmente sustenida, conforme os sinais característicos da escala.

NOVA ABREVIAÇÃO

A BEIRA DO RIACHO

Vivace assai (assai significa muito) *

*) Não confundir a palavra italiana *assai* com a francesa *assez*.

82ª LIÇÃO

ESCALA MAIOR DE LÁ♭ (os bemóis da escala de MI♭, mais o RÉ♭)

Clave armada em LÁ♭ maior

SUBIDA — o polegar no dó e no fá

DESCIDA — (v. a regra para a escala de FÁ 63ª Lição)

o 3º dedo no lá e o 4º no ré

passar o polegar depois da tônica

ELEMENTOS DO TOM DE LÁ♭ MAIOR

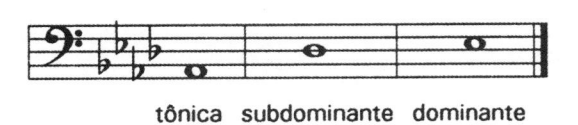

NOTAS TONAIS: tônica, subdominante, dominante

NOTA SENSÍVEL

ACORDE PERFEITO E SUAS 2 INVERSÕES: acorde de sexta, acorde de quarta e sexta

ACORDE DE 7ª DE DOMINANTE E SUAS 3 INVERSÕES

NOTAS ATRATIVAS E SUA RESOLUÇÃO

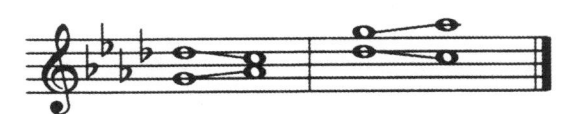

MODULAÇÃO DE LÁ♭ PARA MI♭

CADÊNCIA DE MI♭ MAIOR

MODULAÇÃO DE MI♭ PARA LÁ♭

CADÊNCIA DE LÁ♭ MAIOR

TECLAS BRANCAS

DÓ♭ E FÁ♭

Demonstramos na 67ª lição que as 7 notas primitivas podem ser sustenidas. Acrescentamos agora que elas podem também ser bemoladas. Além de 5 bemóis aprendidos na II Parte representados por teclas pretas, existem dois bemóis para os quais nos servimos de teclas brancas; são, o DÓ♭ (tecla do SI natural) e o FÁ♭ (tecla do MI natural). Conhecemos agora tantos bemóis quantas são as notas, isto é, sete:

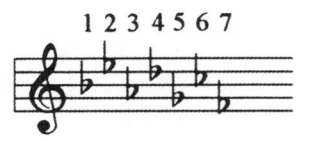

NOTAS DE PORTAMENTO (do italiano *portamento*)

São notas que contém em si o caráter do ligado e do destacado. Semelhantes a certas palavras do discurso, pronunciadas com lentidão proposital, a fim de lhes dar o caráter acentuado, destacando-se uma da outra de tal forma que a duração de cada uma delas fica reduzida a três-quartos de seu valor real, enquanto que o último quarto fica em silêncio:

EXECUTA-SE

DUPLO PONTO DE AUMENTO

Quando uma nota é seguida de dois pontos, o segundo tem a metade do valor do primeiro: a nota fica pois aumentada, 1º da metade; 2º de um quarto; total dos três-quartos de seu valor. O mesmo acontece com as pausas.

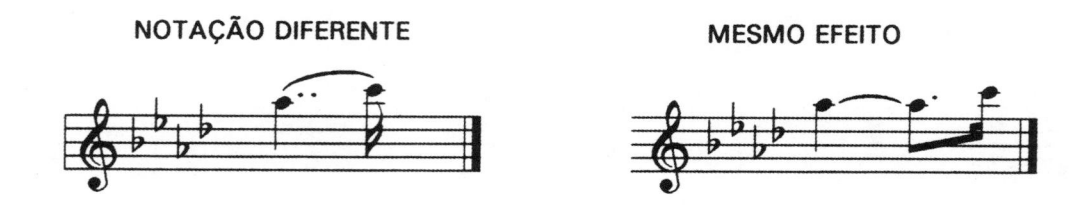

NOTAÇÃO DIFERENTE   MESMO EFEITO

O SOLDADINHO
MARCHA

Alla Marcia (movimento de marcha)

(*) Obs.: Peça Recreativa que pode ser tocada depois da 82ª Lição: O Eco Brincador (L'écho Moqueur), (nº 14 do Repertório do Jovem Pianista) por A. Schmoll, a seguir:

O ECO BRINCADOR (L'Écho Moqueur)

A. SCHMOLL Op. 50

139

83ª LIÇÃO

No 3º compasso da peça que se segue, as notas inferiores (que têm a cauda para baixo) bem que escritas na pauta da mão direita, tocam-se com a mão esquerda. Não deve haver dúvida alguma a este respeito, porque desde o 6º tempo ao 2º compasso, a ausência de pausas na pauta da mão esquerda indica claramente que as notas que aí deveriam estar, acham-se na pauta superior.

O termo *più mosso* (II Parte) traduz-se por mais animado; volta-se ao primeiro andamento com o termo: *Iº tempo*.

Nos andamentos rápidos, o compasso $\frac{6}{8}$ conta-se em 2 tempos, cada um tem o valor de um compasso em $\frac{3}{8}$.

CANÇÃO DE CAÇA

84ª LIÇÃO

ESCALA MAIOR DE SI (os sustenidos da escala de MI, mais o LÁ♯)

Clave armada em SI maior

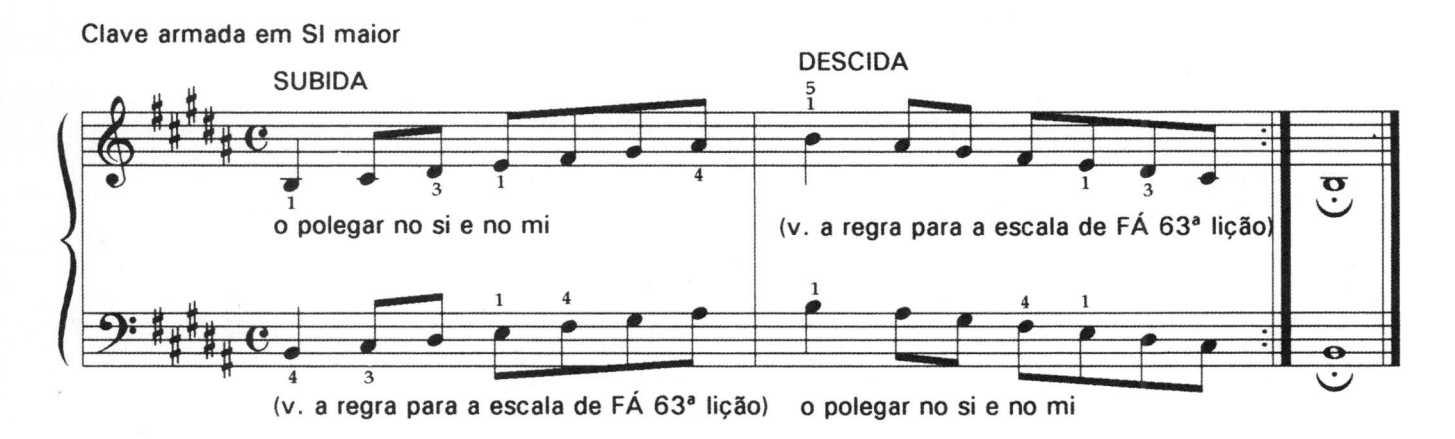

SUBIDA — o polegar no si e no mi

DESCIDA — (v. a regra para a escala de FÁ 63ª lição)

(v. a regra para a escala de FÁ 63ª lição) — o polegar no si e no mi

ELEMENTOS DO TOM DE SI MAIOR

NOTAS TONAIS — tônica, subdominante, dominante

NOTA SENSÍVEL

ACORDE PERFEITO E SUAS 2 INVERSÕES — acorde de sexta, acorde de quarta e sexta

ACORDE DE 7ª DE DOMINANTE E SUAS 3 INVERSÕES

NOTAS ATRATIVAS E SUA RESOLUÇÃO

MODULAÇÃO DE SI PARA MI

CADÊNCIA DE MI MAIOR

MODULAÇÃO DE MI PARA SI

CADÊNCIA DE SI MAIOR

GRAZIELLA

VALSA

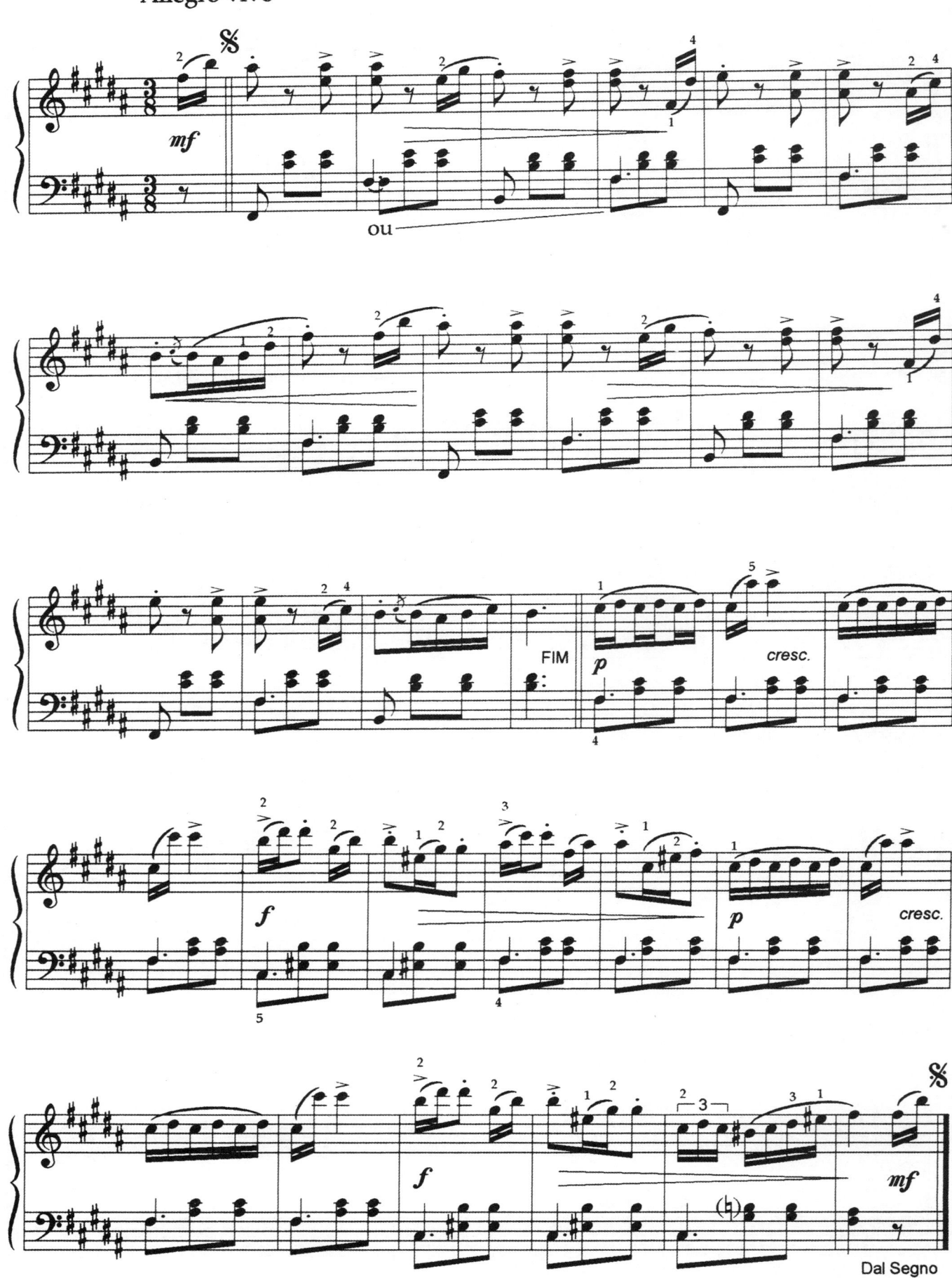

Allegro vivo

85ª LIÇÃO

Chama-se *síncopa* o deslocamento da acentuação normal dos tempos do compasso, pela prolongação do tempo fraco (ou parte fraca do tempo), para o tempo forte (ou parte forte do tempo). O fá# do 2º compasso (mão direita) da peça seguinte fornece um exemplo.

AIR DE FREISCHÜTZ

C. M. von Weber

Andante quasi Allegretto

86ª LIÇÃO

ESCALA MAIOR DE RÉ♭ (os bemóis da escala de LÁ♭, mais o SOL♭)

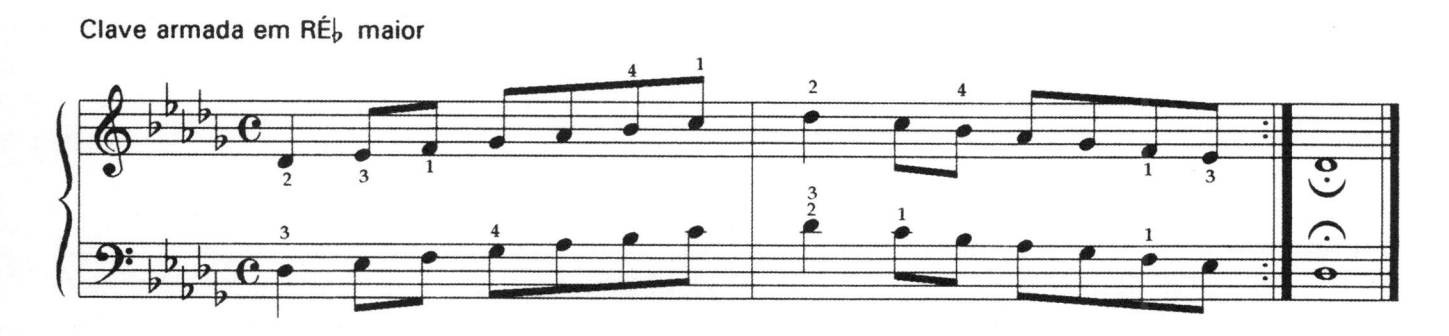

Clave armada em RÉ♭ maior

Estudando esta escala, cujo dedilhado é facílimo, basta lembrar-se que os FÁ e os DÓ tocam-se com o polegar, tanto na mão direita como na esquerda.

ELEMENTOS DO TOM DE RÉ♭ MAIOR

NOTAS TONAIS

NOTA SENSÍVEL

ACORDE PERFEITO E SUAS 2 INVERSÕES

acorde de sexta — acorde de quarta e sexta

ACORDE DE 7ª DE DOMINANTE E SUAS 3 INVERSÕES

NOTAS ATRATIVAS E SUA RESOLUÇÃO

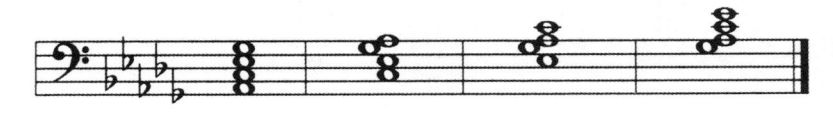

MODULAÇÃO DE RÉ♭ PARA LÁ♭

CADÊNCIA DE LÁ♭ MAIOR

MODULAÇÃO DE LÁ♭ PARA RÉ♭

CADÊNCIA DE RÉ♭ MAIOR

DOBRADO BEMOL (♭♭)

Na 43ª lição (II Parte) abaixamos acidentalmente o LÁ 6º grau da escala de DÓ. Para abaixar o 6º grau da escala de RÉ♭ somos obrigados a servir-nos do dobrado bemol ♭♭, por ser esta uma nota já bemolada pelos sinais característicos (SI♭). SI♭♭ quer dizer, duas vezes bemolado, toca-se na tecla do LÁ natural. Destroi-se o efeito do dobrado bemol por meio do ♮, ao qual junta-se um ♭ (♮♭) para indicar que a nota fica simplesmente bemolada.

O termo *subito* significa subitamente.

ALEGRE RETORNO

MUDANÇA DE DEDOS EM TECLAS PRETAS REPETIDAS.

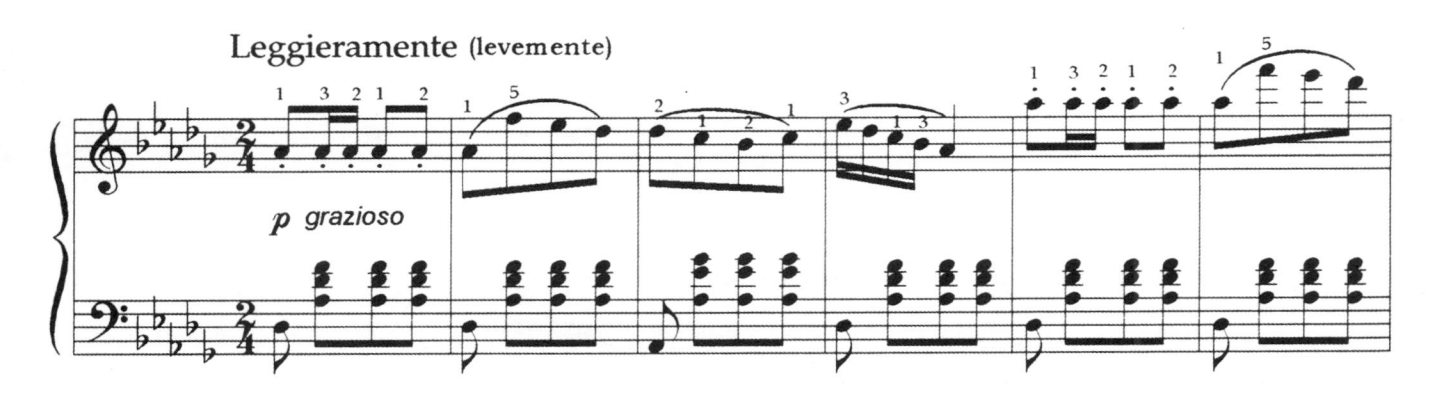

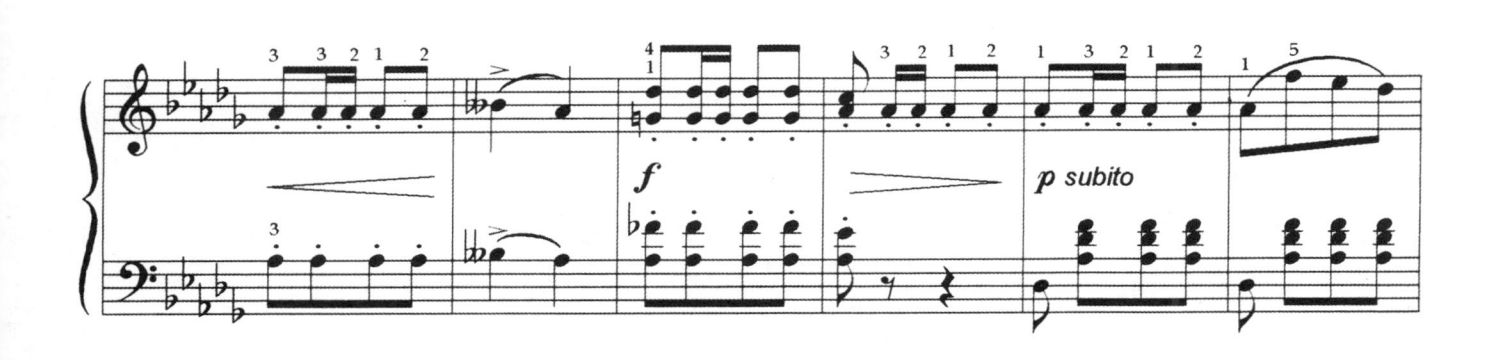

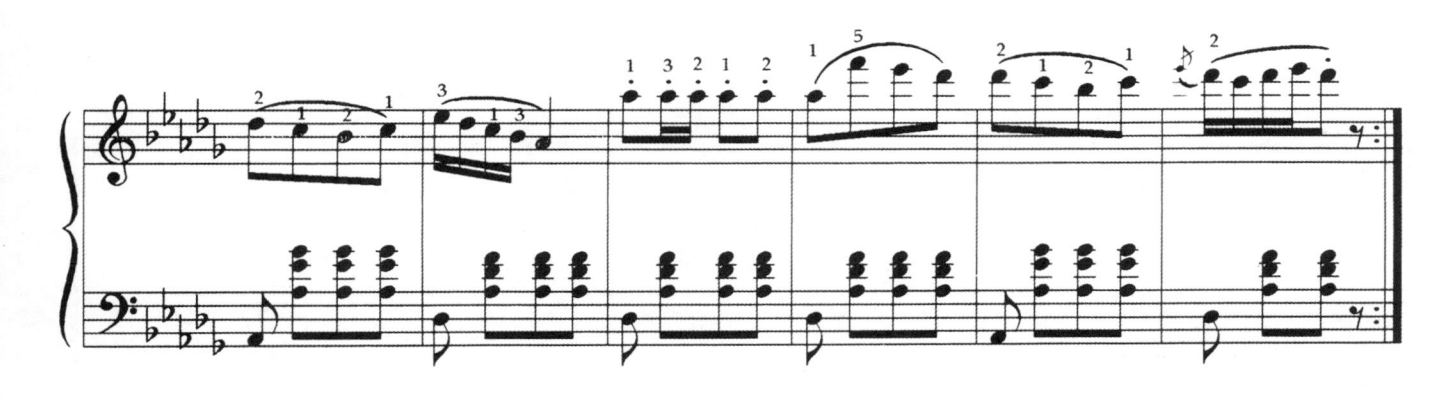

87ª LIÇÃO

O *Duettino* (diminutivo de Duetto) é uma composição da qual duas melodias perfeitamente distintas e por assim dizer cantadas por duas vozes diferentes, se produzem alternativamente, como a pergunta e resposta na conversação.

Marcato il basso quer dizer: marque o baixo e *marcato il canto*, marque o canto (as notas cantantes ou melodias).

DUETTINO

88ª LIÇÃO

ESCALA MAIOR DE FÁ♯ (os sustenidos da escala de SI, mais o MI♯)

Clave armada em FÁ♯ maior
SUBIDA — DESCIDA

o polegar no si e no mi♯ — (v. a regra para a escala de FÁ 63ª lição)

(v. a regra para a escala de FÁ 63ª lição) — o polegar no mi♯ e no si

No estudo desta escala, o aluno hesita no momento de tocar (com o polegar de ambas as mãos) as notas SI e MI♯; porque subindo ou descendo estas duas se confundem facilmente com o SI♯ e MI♯. Esta hesitação desaparece observando que: não se tocam as teclas brancas vizinhas do grupo de duas teclas pretas, e sim as teclas brancas vizinhas do grupo de três teclas pretas.

ELEMENTOS DO TOM DE FÁ♯ MAIOR

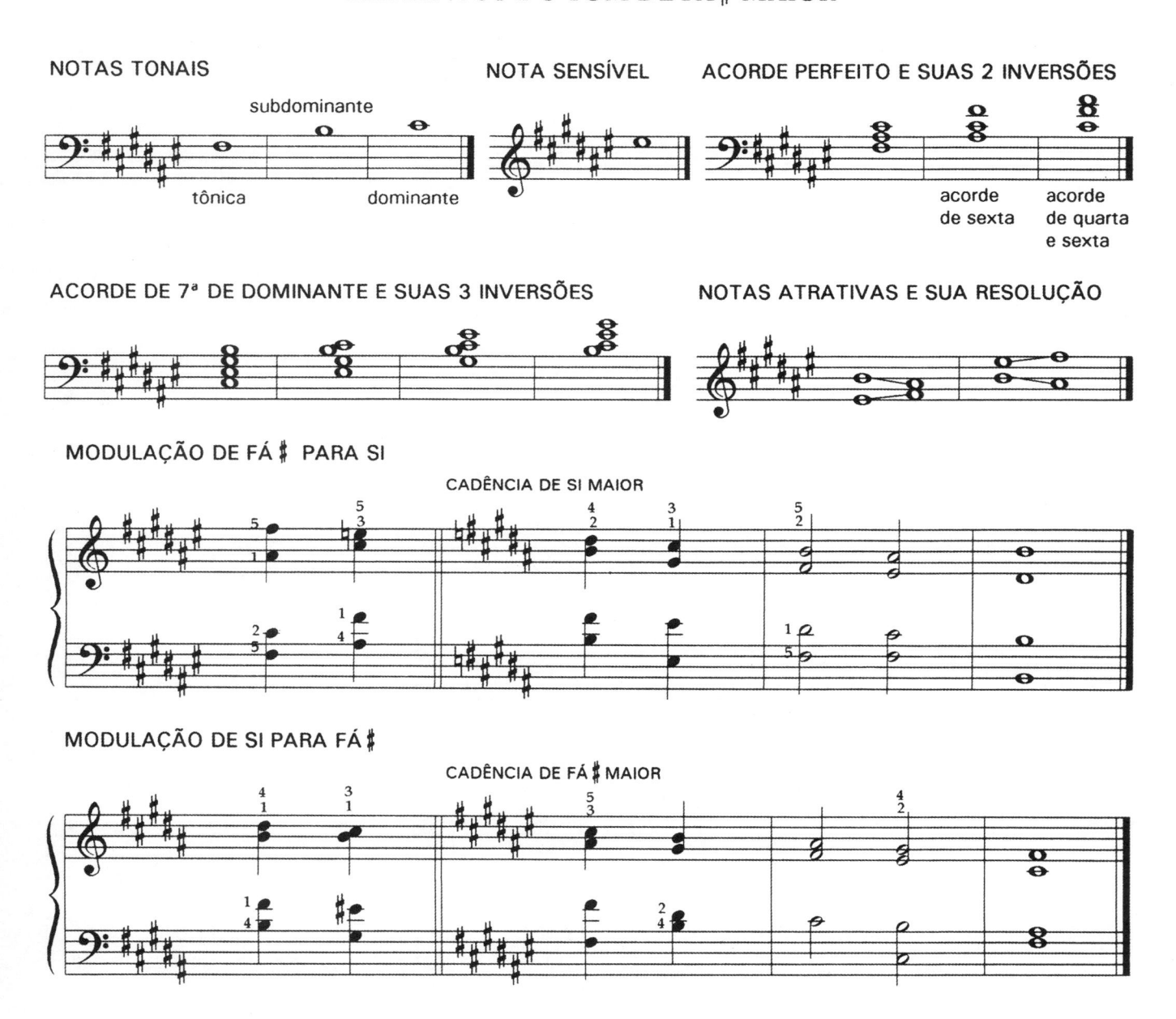

NOTAS TONAIS
tônica — subdominante — dominante

NOTA SENSÍVEL

ACORDE PERFEITO E SUAS 2 INVERSÕES
acorde de sexta — acorde de quarta e sexta

ACORDE DE 7ª DE DOMINANTE E SUAS 3 INVERSÕES

NOTAS ATRATIVAS E SUA RESOLUÇÃO

MODULAÇÃO DE FÁ♯ PARA SI
CADÊNCIA DE SI MAIOR

MODULAÇÃO DE SI PARA FÁ♯
CADÊNCIA DE FÁ♯ MAIOR

Quando a apoiatura está ligada a uma nota dupla ou tripla e que se repete numa destas notas principais, chama-se *arpejada = harpejada*. Neste caso, o dedo que tocar deve sustentá-la enquanto durar a nota principal. Se a apoiatura for dupla (v. a 79ª lição) a execução é análoga.

O acorde que tiver o sinal ⦃ é harpejado; as notas tocam-se uma depois da outra começando pela mais baixa. Estas notas sucedem-se com rapidez e são sustentadas conforme o valor do acorde.

NOTAÇÃO DIFERENTE, MESMO EFEITO

O Ponto alongado ▼ torna as notas ainda mais breves do que o ponto redondo (v. a 19ª lição).
Poco a poco quer dizer: pouco a pouco.

O CANTO DO PESCADOR

89ª LIÇÃO

ESCALA MAIOR DE SOL♭ (os bemóis da escala de RÉ♭, mais o DÓ♭)

Clave armada em SOL♭ maior

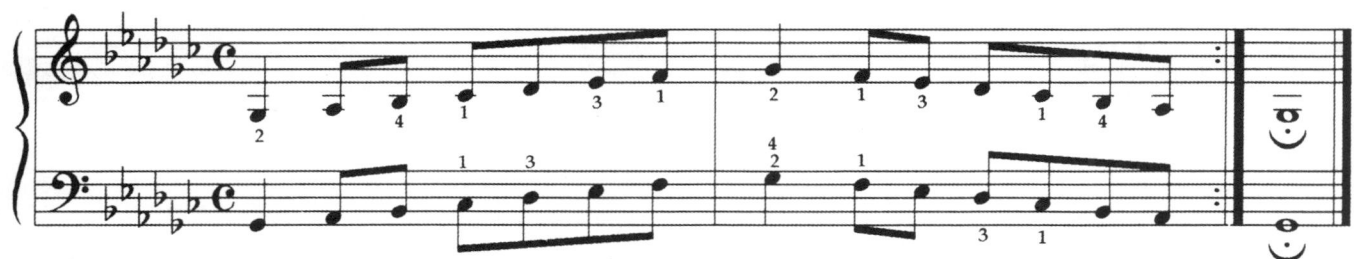

Perceberá o aluno pelo som e pelo dedilhado, que esta escala e a de FÁ# são a mesma, visto como nas duas empregam-se as mesmas notas. Com efeito é natural que a identidade que constatamos (v. a 45ª lição) entre FÁ# e SOL♭ exista igualmente entre as escalas formadas sobre estas duas notas e entre os elementos tonais que têm por base as duas escalas.

ELEMENTOS DO TOM DE SOL♭ MAIOR

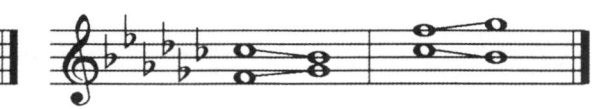

NOTAS TONAIS
subdominante
tônica — dominante

NOTA SENSÍVEL

ACORDE PERFEITO E SUAS 2 INVERSÕES
acorde de sexta — acorde de quarta e sexta

ACORDE DE 7ª DE DOMINANTE E SUAS 3 INVERSÕES

NOTAS ATRATIVAS E SUA RESOLUÇÃO

MODULAÇÃO DE SOL♭ PARA RÉ♭

CADÊNCIA DE RÉ♭ MAIOR

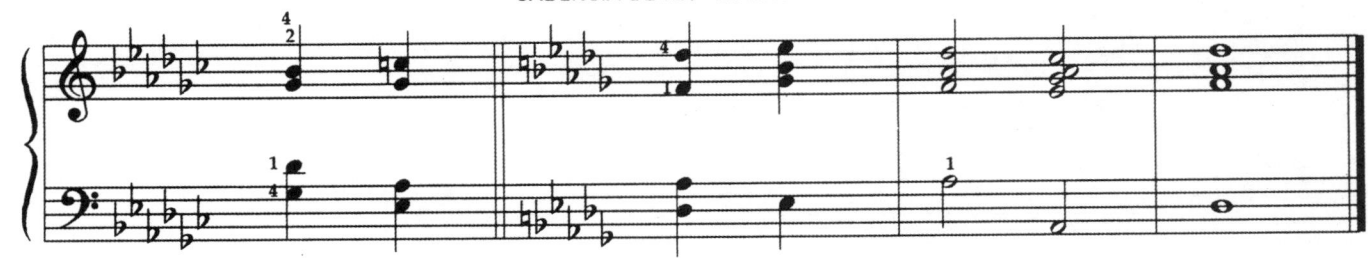

MODULAÇÃO DE RÉ♭ PARA SOL♭

CADÊNCIA DE SOL♭ MAIOR

O MENSAGEIRO

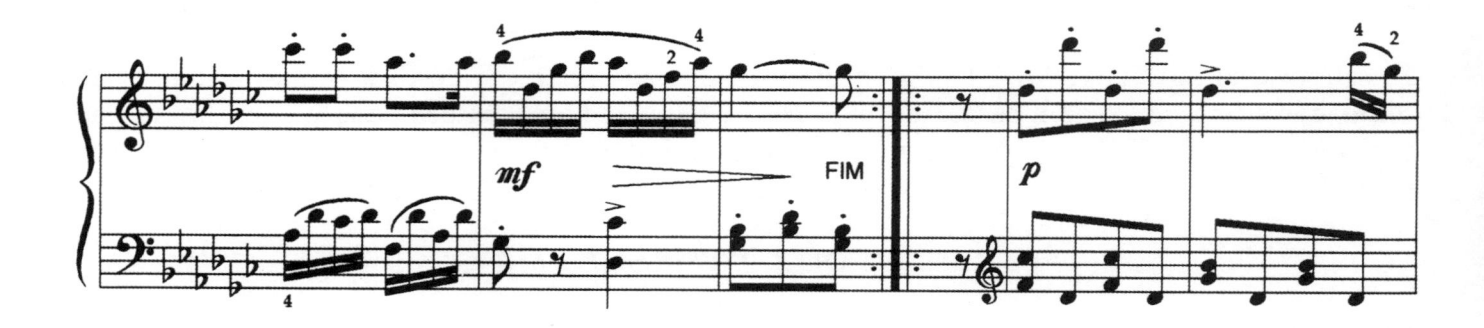

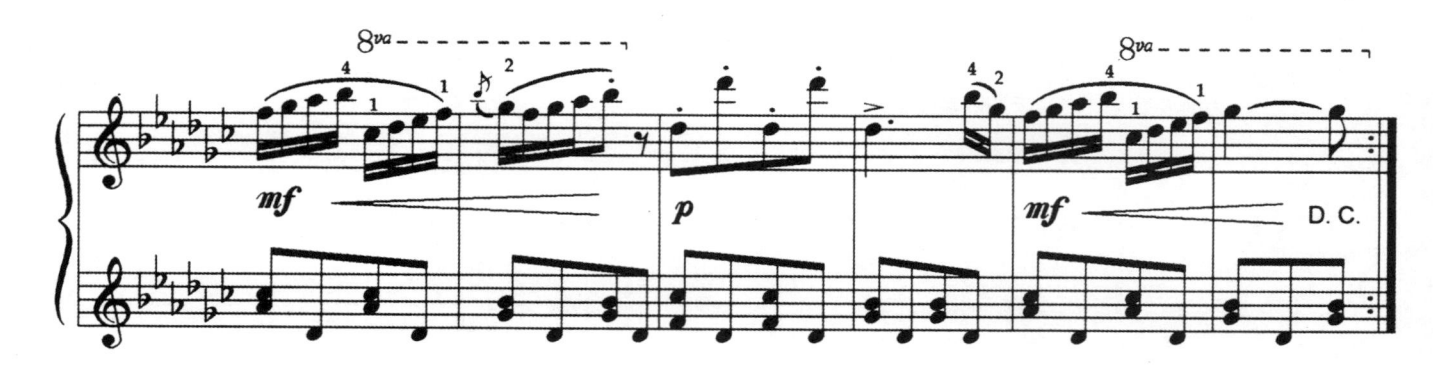

Allegro con brio

90ª LIÇÃO

Na lição precedente demonstramos a identidade das escalas de FÁ# e de SOL♭. Ora, como a escala não é outra coisa do que a base do tom, é absolutamente indiferente que uma peça esteja escrita em FÁ# ou em SOL♭. Damos um exemplo disso nas duas cadências seguintes, cuja primeira está escrita em SOL♭ e a outra em FÁ#, mas que contudo se tocam ambas nas mesmas teclas, têm a mesma postura dos dedos e fazem a mesma impressão ao ouvido.
Suster bem as notas da mão esquerda.

A transposição é uma operação musical que consiste em mudar o tom de um trecho. Assim a segunda das cadências da pag. 151 foi transportada de SOL♭ em FA#.

Duas notas homofonas, isto é, duas notas que tendo nomes diferentes se tocam sobre a mesma tecla (ex. fá# e sol♭) chamam-se notas *enharmônicas*. Este qualificativo aplica-se igualmente às escalas, tons, acordes, etc. que se acham nas mesmas condições. Procede-se por enharmonia quando se substitui uma nota, uma escala, um acorde pelo seu homófono. Mais longe veremos o emprego prático que se faz da enharmonia e as vantagens que ela oferece à modulação nos tons distantes.

O trecho seguinte é o mesmo do da 89ª lição que transportamos de SOL♭ em FÁ# (tons enharmônicos).

(*) Obs.: Peça Recreativa que pode ser tocada depois da 90ª Lição: Repouso do Pastor (Le Repos du Pâtre), (nº 15 do Repertório do Jovem Pianista) por A. Schmoll, a seguir:

O REPOUSO DO PASTOR (Le Repos du Pâtre)

IDILIO (Idylle)

A. SCHMOLL Op. 50

Andante expressivo

154

CONCLUSÃO DA TERCEIRA PARTE

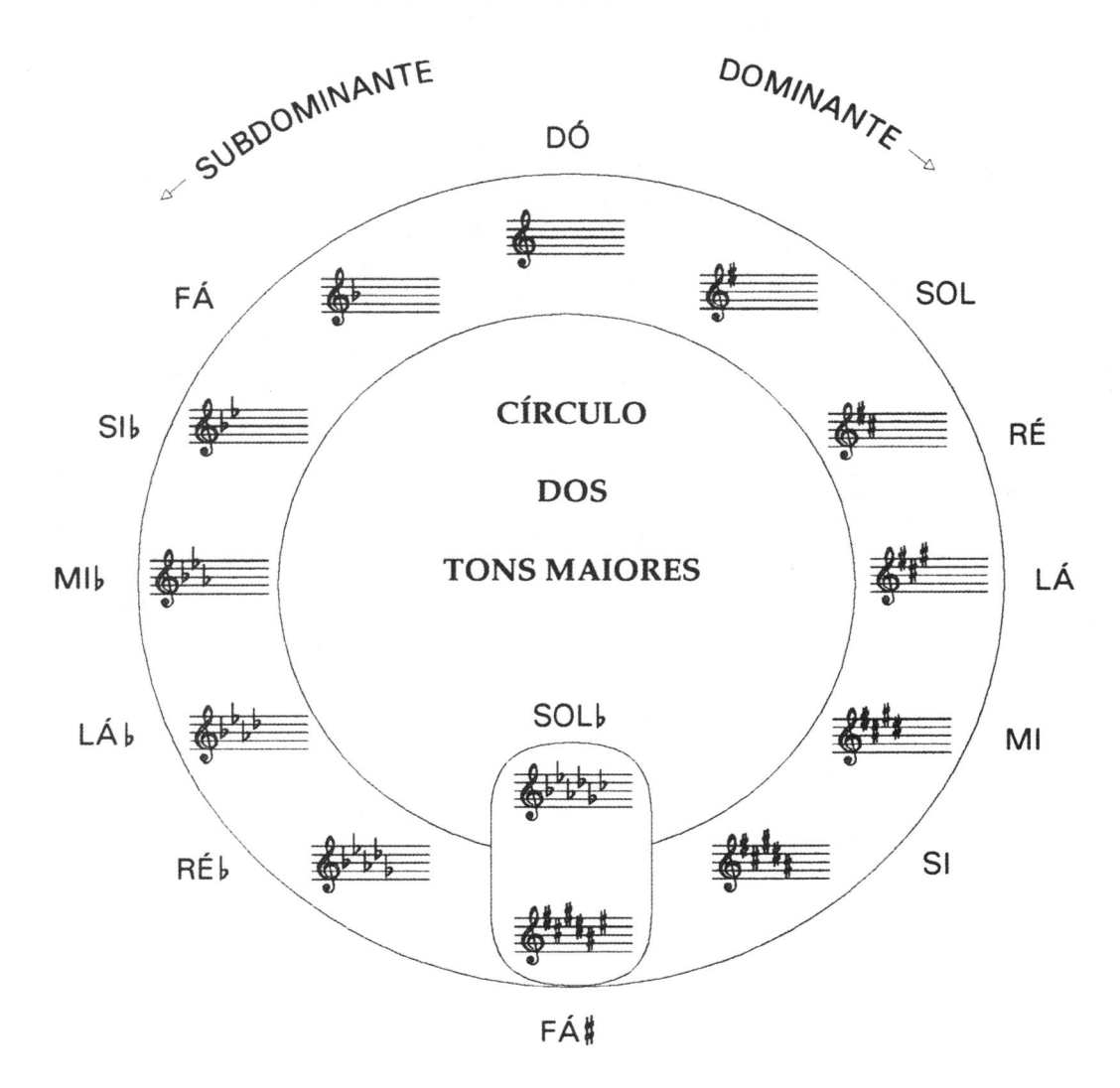

O círculo acima representa todos os tons maiores, pela ordem em que se sucedem e seus sinais característicos. Encontra-se também a dominante e subdominante, os tons vizinhos e afastados de cada um. Na Terceira Parte deste método, percorreremos o círculo começando por SOL (1♯), depois FÁ (1♭), depois RÉ (2♯), depois SI♭ (2♭) e assim por diante, baseando-nos alternativamente na dominante e subdominante. Assim é que depois de conhecermos os 10 tons, metade do lado direito e metade do lado esquerdo do círculo, nos encontramos nos tons enharmônicos FÁ♯ e SOL♭, dos quais um tem 6 sustenidos e o outro 6 bemóis.

Aprendemos além disso, a modular com cada tom e seus dois vizinhos e a formar cadência com cada um deles.

Antes de terminar a Terceira Parte, indicaremos um meio, rotineiro talvez, (mas cômodo para certos alunos) de conhecer instantaneamente a tonalidade de uma peça:

- quando a pauta está armada em sustenidos, o último sustenido indica a nota sensível do tom, bastando subir um grau para achar a tônica.
- quando a pauta está armada em bemóis, o penúltimo bemol é a tônica.

Aplicando estas regras ao círculo acima, reconhece-se a facilidade que oferecem às memórias fracas.

Recomendamos ao aluno a repetição geral da Terceira Parte antes de passar à Quarta, a fim de consolidar ainda mais os conhecimentos teóricos e práticos adquiridos até aqui.

Conheceremos na Quarta Parte o modo menor, suas 12 escalas, os elementos de cada tom e suas relações com o modo maior. É assim que todo o edifício musical será construído pouco a pouco diante do aluno e se lhe revelará em toda a sua beleza.

EXERCÍCIOS
NOS TONS MAIORES MAIS USADOS

CADÊNCIAS

57 SOL maior

58 FÁ maior

59 RÉ maior

60 SI♭ maior

61 LÁ maior

62 MI♭ maior

Tocar 20 ou 30 vezes as semínimas, conservando as semibreves presas.

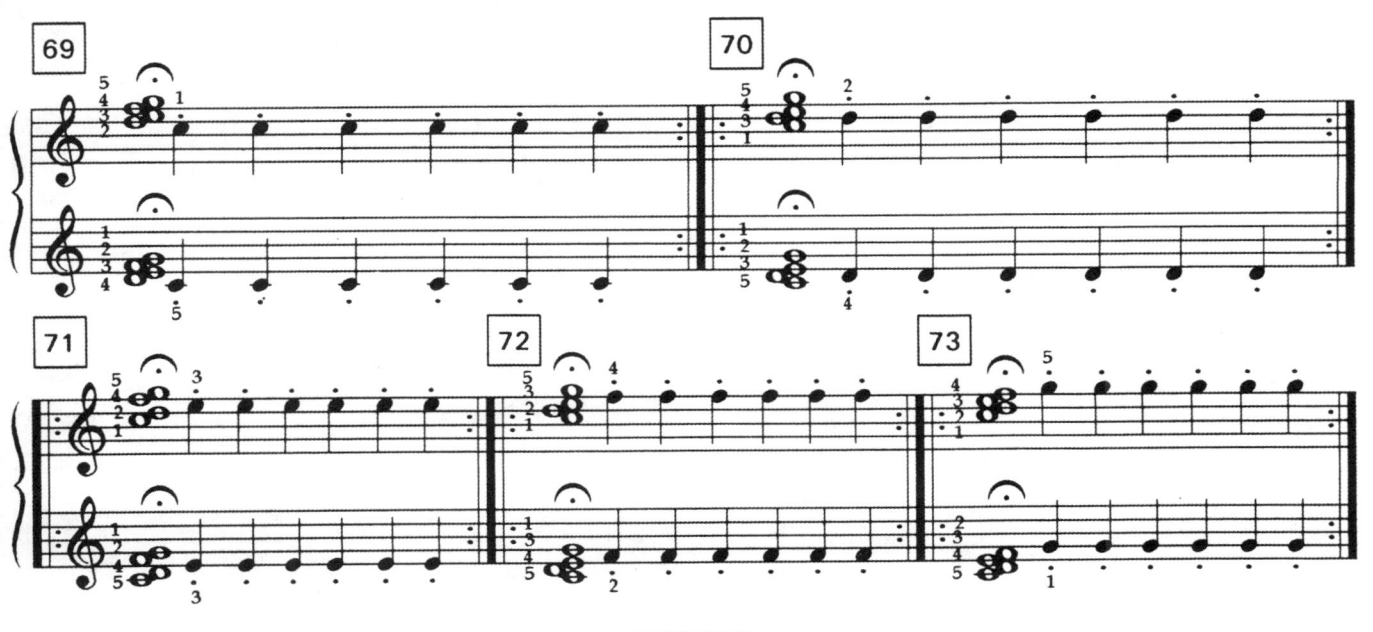

EXERCÍCIOS PARA PERCORRER O TECLADO EMPREGANDO A CONTRAÇÃO DA MÃO CONSTANTEMENTE.

NOTA: Estes exercícios escritos em sextas, devem ser estudados em oitavas e decimas.

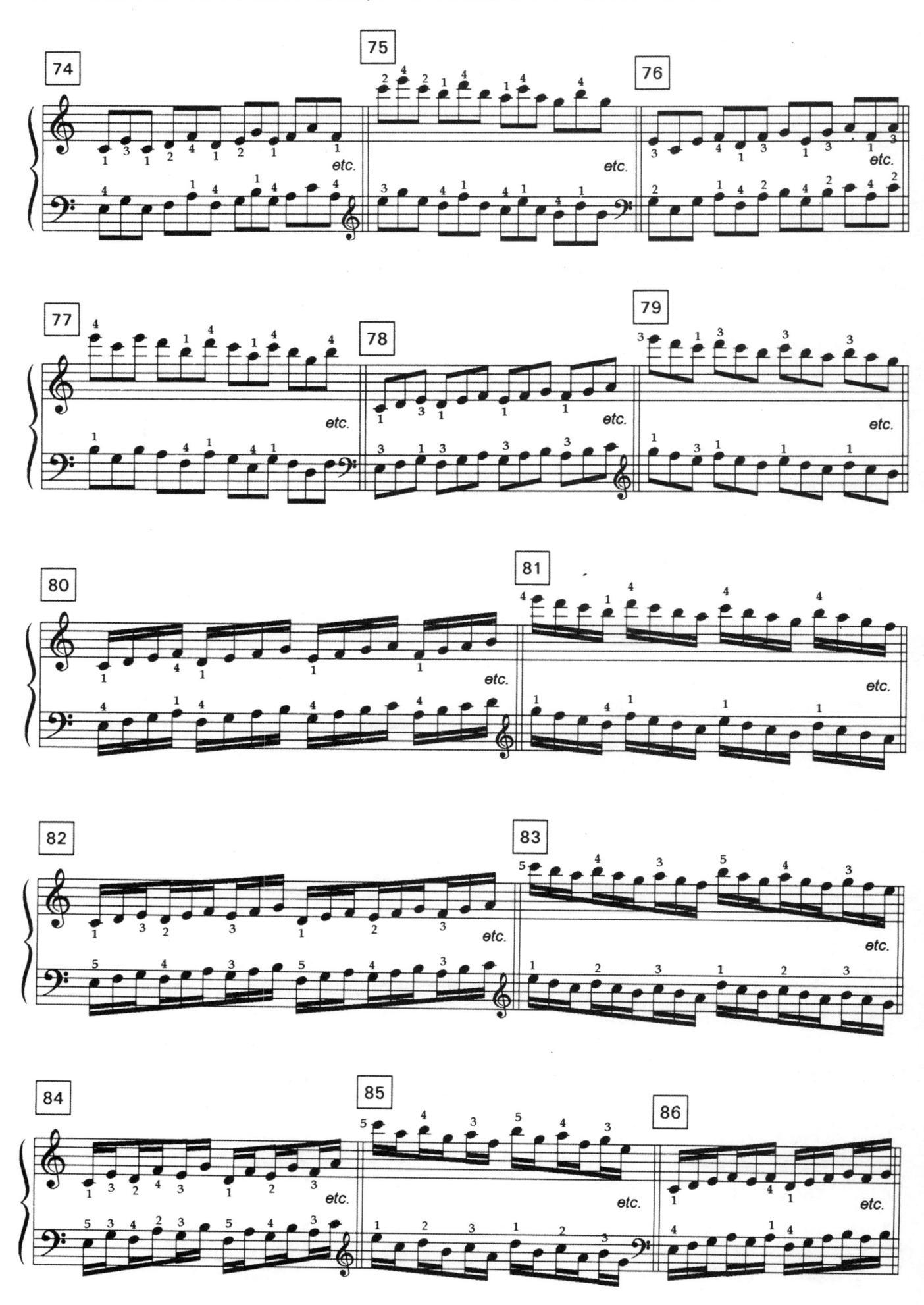

TERÇAS LIGADAS

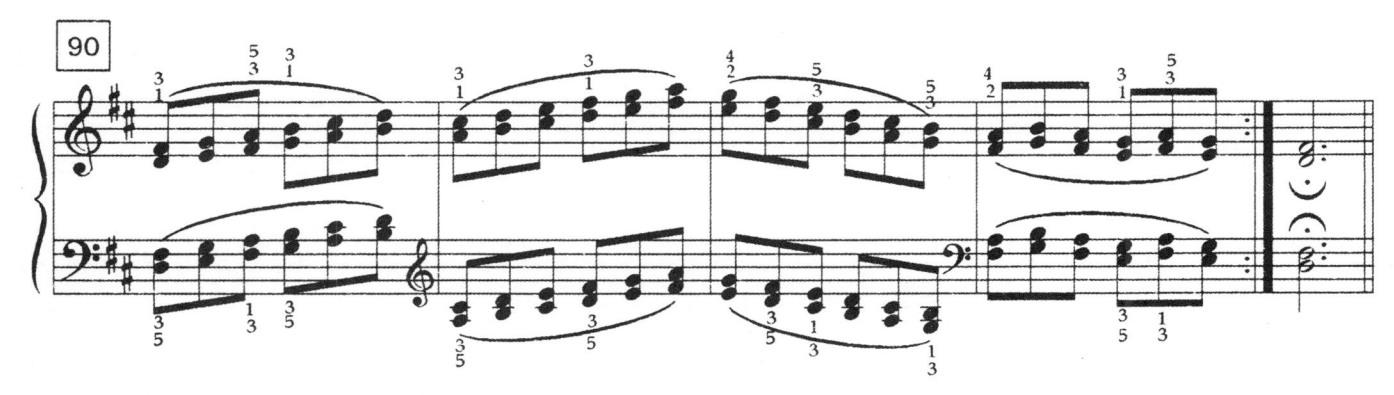

SEXTAS DESTACADAS

CONTRATEMPOS

Dados Internacionais de Catalogação na Publicação (CIP)
(Câmara Brasileira do Livro, SP, Brasil)

Schmoll, A.
    Novo método para piano (ampliado) : teórico, prático e recreativo, dividido em 5 partes de 30 lições cada uma : terceira parte / por A. Schmoll; Rev. Yves Rudner Schmidt -- São Paulo : Casa Wagner, 1997.

1. Piano - Estudo e ensino   I. Título.

ISBN 85-86229-03-2
ISBN 978-85-86229-03-9

97-1254   CDD-786.207

Indices para catálogo sistemático:

1. Piano : Método : Estudo e ensino   786.207